COSTRUISCI IL TUO SUCCESSO

IL DISTILLATO DEL PENSIERO DI DALE CARNEGIE

Un ardente entusiasmo, sostenuto da buon senso e perseveranza, è la qualità che più spesso porta al successo.

DALE CARNEGIE

I libri di Dale Carnegie

COME TRATTARE GLI ALTRI E FARSELI AMICI
COME VINCERE LO STRESS E COMINCIARE A VIVERE
COME GODERSI LA VITA E LAVORARE MEGLIO
LE CINQUE QUALITÀ ESSENZIALI PER COSTRUIRE UN RAPPORTO CON GLI ALTRI
COME TRATTARE GLI ALTRI E FARSELI AMICI NELL'ERA DIGITALE
COME PARLARE IN PUBBLICO E CONVINCERE GLI ALTRI
SCOPRI IL LEADER CHE È IN TE

Costruisci il tuo successo

LE DIECI REGOLE PER UNA VITA GRATIFICANTE
COME COSTRUIRE RELAZIONI POSITIVE ED ESSERE CONVINCENTI
COME DIVENTARE UN LEADER DI SUCCESSO
COME DIVENTARE UN COMUNICATORE ECCEZIONALE
COME VINCERE ANSIA E PREOCCUPAZIONI
COME FARE CARRIERA
COME CAMBIARE PER IL SUCCESSO
COME SFRUTTARE AL MEGLIO LE OPPORTUNITÀ DELLA VITA
COME MIGLIORARE LA TUA AUTOSTIMA PER UNA VITA APPAGANTE
COME RISOLVERE EFFICACEMENTE I CONFLITTI NELLA TUA VITA

DALE CARNEGIE
COME MIGLIORARE LA TUA AUTOSTIMA PER UNA VITA APPAGANTE

Traduzione di Barbara Sancin

Con una intervista a Sergio Borra, Dale Carnegie Italia

I LIBRI DI
DALE CARNEGIE

Nella sezione "Allenati al successo oggi"
l'intervista è a cura di Andrea Tramontana.

Si ringrazia per la collaborazione Dale Carnegie Italia.
www.dalecarnegie.it

Titolo originale
LIVING AN ENRICHED LIFE

ISBN 978-88-301-0588-1

www.giunti.it
www.bompiani.it

Via Bolognese 165 – 50139 Firenze – Italia
Via G.B. Pirelli 30 – 20124 Milano – Italia

Prima edizione: febbraio 2022

Prefazione

Vivere un'esistenza appagante! Chi non vorrebbe trarre il massimo dai suoi anni su questa terra? Trascorriamo un terzo della vita dormendo e almeno un altro terzo assorbiti dalle nostre responsabilità lavorative e/o familiari; se siamo fortunati, infine, il tempo che resta lo dedichiamo ad attività ricreative, culturali o religiose, quando non semplicemente a oziare. Ma sono ancora troppe le persone che trascorrono un'esistenza spenta, incolore, gravate da un lavoro che non le soddisfa, sprecando lo scarso tempo libero di cui dispongono in attività banali e poco gratificanti.

In questo libro analizzeremo alcuni dei motivi che ci inducono a cadere in simili trappole e offriremo una serie di indicazioni utili a superare i relativi problemi e a incamminarsi verso un'alternativa migliore, più produttiva e appagante.

Fiducia in se stessi

Il primo argomento affrontato è la fiducia in se stessi, quella sensazione che ci rende sicuri della nostra capacità di raggiungere qualunque obiettivo decideremo di darci. Si tratta senza dubbio di un elemento cruciale, per riuscire a vivere un'esistenza piena e ricca di significato. Se molte persone non riescono a conseguire successi sul lavoro, nelle proprie iniziative d'affari o anche nella vita personale, una delle ragioni principali sta proprio nella mancanza di questo importantissimo ingrediente. E come mai esistono individui che non hanno fiducia in loro stessi? Una delle spiegazioni più comuni è che abbiano sperimentato qualche insuccesso in gioventù, e adesso hanno paura che ciò accada di nuovo. Un ulteriore motivo può essere che qualcun altro – per esempio i genitori, gli insegnanti o i superiori sul lavoro – si sia sempre mostrato insoddisfatto di qualsiasi cosa facessero, convincendoli così di essere nient'altro che degli incapaci.

C'è poi chi si è preso anche delle belle soddisfazioni, ma ha subito un insuccesso e ha lasciato che l'ombra di un tale episodio gli invadesse l'animo, condannandolo a sentirsi perennemente inadeguato sotto ogni aspetto. In questo libro vi mostreremo come fare per riuscire a superare simili ostacoli, e come sviluppare (e mantenere!) una solida fiducia in se stessi e una buona autostima.

Entusiasmo

Studiando le biografie dei grandi personaggi, dei protagonisti più illustri della politica, degli affari, della scienza o dell'arte, si nota subito come il tratto che li accomuna tutti sia l'entusiasmo, la passione straordinaria che hanno nutrito per la propria opera e per la vita nel suo complesso. L'entusiasmo è il segreto del successo di tutte le personalità più ammirate, nonché un generatore di felicità per chiunque abbia la fortuna di possederlo.

Esso si rivela il fattore determinante, capace di imprimere una svolta al nostro atteggiamento nei confronti degli altri, del lavoro e del mondo in generale. Un cambiamento di prospettiva che segna la differenza tra una vita grigia e incolore e una più fruttuosa e appagante.

“ Più passano gli anni, più mi accorgo
di quanto è grande il potere che il nostro modo
di vedere le cose esercita sulla nostra vita.
A mio parere l'attitudine mentale di una persona
conta molto più dei fatti. Ha più valore
delle esperienze passate, del livello d'istruzione,
del denaro, delle circostanze, degli insuccessi;
è più importante delle doti fisiche, del talento
o delle capacità effettive. È qualcosa che ha
il potere di creare, o di distruggere, un'azienda,
una congregazione, o una famiglia. E l'aspetto
più significativo è che la possibilità di scegliere
l'atteggiamento da adottare di volta in volta
è totalmente nelle nostre mani. Ogni giorno.
Molte cose, è chiaro, non le potremo mai
cambiare: l'unica soluzione che possiamo
adottare è suonare il solo strumento
che abbiamo… che è la nostra persona,
così com'è, con pregi e difetti.
Ma io sono convinto che la mia vita sia fatta
per il 10 per cento da ciò che mi capita,
e per il 90 per cento da come io decido
di reagire a ciò che mi capita.
E lo stesso vale anche per voi… ciascuno di noi
è il responsabile dell'assetto mentale
che decide di assumere. ”

Charles R. Swindoll

Stabilire e raggiungere traguardi realistici

Per tutte le persone di successo, il punto di partenza è stabilire un determinato traguardo. Fissarsi degli obiettivi e mettersi all'opera per realizzarli è il primo passo da intraprendere, se si vuole percorrere la strada che conduce al successo. Sapere dove stiamo andando e come intendiamo procedere per arrivarci ci consente di canalizzare nel modo più opportuno le nostre risorse – tempo, energie ed emozioni – e ci mette nelle condizioni migliori per riuscire a raggiungere i traguardi desiderati. In questo volume impareremo non solo a scegliere obiettivi stimolanti, che ci spingano a operare al meglio delle nostre capacità, ma anche a non perdere mai di vista il nostro scopo e a superare gli ostacoli che incontreremo lungo il percorso.

Immagine

L'immagine che trasmettiamo agli altri è un fattore cruciale per ottenere la loro fiducia e far sì che si trovino a proprio agio con noi. Un'immagine di sé simpatica e disponibile è qualcosa che è senz'altro possibile *coltivare*. È vero che alcuni aspetti costitutivi della nostra immagine sono congeniti – fisicità, intelligenza di base e una serie di talenti e predisposizioni –, ma ciascuno di noi può agire in modo da valorizzare al massimo le proprie caratteristiche innate, sviluppandole in modo che trasmettano un'immagine capace di suscitare ammirazione.

Riuscire a diventare la persona che vorremmo potrebbe non essere facilissimo, ma il punto di partenza più promettente è l'intenso desiderio – accompagnato da una forte determinazione – di acquisire un modo di fare estroverso, allegro, ottimista e positivo: in breve, un'immagine che conquisterà il favore di tutte le persone con cui entreremo in contatto.

Impareremo innanzitutto a fare una buona prima impressione, quindi a confermarla e infine a superare le aspettative da essa suscitate.

Capacità di automotivarsi

Limitarsi a voler realizzare le proprie aspirazioni non basta. Occorre saper coltivare costantemente il desiderio e l'ambizione di raggiungerle, saperle mantenere ben vivide davanti ai nostri occhi, impegnarsi in maniera attiva con il giusto vigore e una sana energia. È l'unico modo per riuscire a veder concretizzati i nostri sogni. Nel corso del libro scopriremo come fare per stimolarci a perseguire i nostri obiettivi e impareremo metodi utili a ritrovare la carica nei momenti di difficoltà.

Ottimismo e fiducia

Non esiste stimolo migliore di una mentalità incline a mantenere viva la speranza e a credere che le cose andranno bene anziché male, che riusciremo nei nostri propositi piuttosto che fallire e che, a prescindere da quello che potrà capitare o non capitare, troveremo la felicità. Sarà sempre un vantaggio impagabile possedere questo atteggiamento fiducioso e ottimistico – quella disposizione mentale che ricerca, e si attende, sempre l'esito migliore, il più onorevole, il più soddisfacente, senza mai cedere al pessimismo o allo scoraggiamento.

Naturalmente non è sempre facile mantenere questa fiducia, soprattutto quando le cose non vanno proprio secondo i nostri intenti. Nelle pagine che seguono impareremo ad abbandonare gli atteggiamenti disfattisti e ad abituarci a pensare in maniera positiva, indipendentemente dagli ostacoli che ci troviamo di fronte.

Coraggio

Le persone che ottengono successi hanno il coraggio di mettere in pratica le loro idee e sono pronte a investire denaro, lavoro ed energie sia fisiche sia emotive nelle iniziative in cui credono sinceramente.

Tutti noi siamo chiamati ad assumerci qualche rischio, se vogliamo progredire sul lavoro o in qualunque altra sfera della vita. Certo, sottoponendo ad attenta considerazione tutti i fattori in gioco è possibile ridurre al minimo le possibilità di insuccesso, senza mai tuttavia poterle escludere del tutto. Come dice il proverbio, chi non risica non rosica. Chi sceglie di andare sempre e solo sul sicuro indubbiamente non correrà alcun rischio, ma d'altra parte non conoscerà mai la gioia e la soddisfazione di chi riesce a superare gli ostacoli e a raggiungere infine la meta agognata.

Capacità di recupero

Anche quando possiamo contare su un'ottima esperienza e solide competenze, non potremo vincere sempre e comunque. Ci saranno senz'altro occasioni in cui conosceremo l'insuccesso, ma l'essenziale è non lasciarsi travolgere dalle sconfitte. Piuttosto, dovremo imparare dagli errori commessi e mettere in pratica gli insegnamenti che ne abbiamo tratto per riuscire a superare le difficoltà del momento.

Spesso, delusioni e sconfitte hanno pesanti effetti collaterali: il morale cola a picco e la fiducia in se stessi va in frantumi. Se non si prendono contromisure immediate, in questi casi si corre il grave pericolo di precipitare in una spirale di autocommiserazione, senso di fallimento e profondo sconforto. Questo libro ci insegnerà a gestire gli effetti psicologici di un insuccesso in modo da ritrovare tutta la nostra grinta e motivazione.

Come affrontare la lettura

Se desiderate utilizzare questo libro nel modo migliore, consigliamo di leggerlo una prima volta per intero, in modo da assimilarne i concetti generali; dopo di che potrete ripercorrerlo capitolo per capitolo, iniziando a metterne in pratica i suggerimenti per imparare ad affrontare con determinazione ognuno degli ambiti via via trattati. Questo vi metterà nelle migliori condizioni per realizzare l'obiettivo di condurre un'esistenza proficua e appagante: una tappa fondamentale nella strada che porta al successo.

Il curatore

ARTHUR R. PELL

1.
Rafforzare la fiducia in se stessi

> “Credi in te stesso!
> Abbi fiducia nelle tue capacità!
> Sii umile ma consapevole del potere che è in te
> e raggiungerai il successo e la felicità.”
>
> *Norman Vincent Peale*

Quando in ditta si rese disponibile un posto di supervisore presso il nuovo reparto, per un attimo Larry fu tentato di candidarsi, ma subito dopo pensò: “Mi piacerebbe avere un ruolo di maggior responsabilità, ma non credo proprio che sarei all’altezza.”

Susan aveva presentato al suo capo una proposta che era convinta avrebbe incrementato la produttività, ma questi aveva trovato diversi difetti nel piano da lei elaborato. La reazione di Susan fu: “Ecco, sono la solita incapace. Non rifletto abbastanza per proporre qualcosa di valido. Non avanzerò mai più altre idee.”

I membri della congregazione chiesero a Claire di presiedere un certo comitato parrocchiale. Quando ne parlò con il marito, lei disse: “Il fatto è che dovrei tenere vari discorsi ai membri della comunità per illustrare questo progetto. E c'è poco da fare, non ne sono proprio capace."

Eliot era stato il miglior venditore dell'azienda per tutti i primi tre mesi dell'anno, ma ad aprile aveva ottenuto risultati molto inferiori. Allora prese a dirsi: "Nel primo trimestre ho avuto fortuna, ma adesso il vento è girato e ora rieccomi al posto che mi spetta, quello di chi a malapena raggiunge la quota minima di contratti firmati. Lo sapevo che non poteva durare."

Qual è il vero problema di tutte queste persone? Be', è evidente: hanno poca fiducia in se stesse. Ognuno di loro si considera fondamentalmente un incapace, una persona destinata a rimanere per sempre relegata nei ranghi inferiori di qualsiasi attività.

Tutti attraversiamo momenti in cui ci ritroviamo a dubitare delle nostre capacità e dei successi finora conseguiti, momenti in cui la sicurezza in noi stessi si eclissa fin quasi a scomparire. Tanto per peggiorare la situazione, di solito attribuiamo un'importanza esagerata all'opinione degli altri e tendiamo a basarci sul loro punto di vista, per stabilire che cosa *noi* pensiamo delle nostre capacità e dei nostri meriti; ma un atteggiamento del genere potrebbe indurci a evitare per sempre ogni tipo di rischio e di sfida, per paura di fallire. Si tratta di un meccanismo di consolidamento che porta gli interessati ad autosvalutarsi e a non tener conto dei feedback positivi ricevuti, aderendo anzi a credenze errate, destinate ad alimentare schemi di pensiero disfunzionali e autolesionistici e un atteggiamento rinunciatario.

La fiducia in se stessi è una componente essenziale dell'autostima. Per nutrire fiducia nelle decisioni che prendiamo, dobbiamo innanzitutto credere in noi stessi: dobbiamo essere profondamente convinti di essere persone di valore. Se manchiamo di autostima, come possiamo essere *sicuri* che le nostre decisioni abbiano un valido fondamento?

Spesso, poi, si bada di più a quello che gli altri pensano di noi, rispetto a ciò che ne pensiamo noi per primi. William

Becker, pastore e scrittore della metà del XX secolo, ammoniva i suoi lettori con queste parole: "Non importa cosa la gente pensa di voi. Possono sopravvalutarvi o sottovalutarvi! Finché non scoprono il vostro vero valore, il vostro successo dipende principalmente da quello che voi pensate di voi stessi e se credete nei vostri mezzi. Potete avere successo anche se nessuno ci crede, ma non lo raggiungerete mai se non siete voi a credere in voi stessi."

Similmente, il grande filosofo greco Epitteto scrisse: "Nessuno è libero se non è padrone di se stesso." Se non abbiamo fiducia nelle nostre capacità e non crediamo fermamente nella nostra volontà di riuscire, non potremo muovere neanche un passo sulla strada che conduce alla realizzazione dei nostri obiettivi. Dobbiamo aspettarci grandi risultati da noi stessi, nutrire aspettative ambiziose. Perché è questa la forma di fiducia che saprà far emergere i nostri aspetti migliori. Come disse l'allenatore di football Vince Lombardi:

> Le battaglie della vita
> non sempre le vincono i più forti o i più veloci.
> Ma presto o tardi, a vincere
> sarà chi pensa di potercela fare.

Noi siamo noi – non chi pensano gli altri

Gli insicuri sono persone che danno troppa importanza a cosa pensano gli altri e da questo dipende la considerazione che hanno di sé. Evitano di assumersi dei rischi per paura di un fallimento e in generale non si aspettano di riuscire. Spesso si sottovalutano, non tengono in nessun conto i riscontri positivi che ricevono e, anzi, hanno preconcetti dannosi che perpetuano schemi di pensiero autolesionistici e un atteggiamento negativo. Tra i tipici schemi cognitivi disfunzionali, o distorsioni cognitive, possiamo ricordare i seguenti:

- *Pensiero polarizzato.* Il pensiero dicotomico è quello che non conosce sfumature né vie di mezzo; ci fa vedere o tutto bianco o tutto nero. Alla prima prestazione men che perfetta, ecco che subito pensiamo: "Non c'è speranza, sono un fallimento totale!" Corrisponde alla reazione di Susan alle obiezioni sollevate dal capo in merito alla sua proposta. Di fronte a un singolo insuccesso, ha subito pensato: "Se non sono riuscita a ottenere un risultato perfetto, significa che sono un'irrecuperabile incapace."

- *Visione catastrofica.* Siamo convinti che dietro ogni angolo si nasconda un disastro inevitabile. Per esempio, basta un singolo errore, una critica, o una semplice osservazione casuale per farci crollare tutto il mondo addosso. Ragioniamo in questo modo: "Ho fatto una schifezza di presentazione e adesso non otterrò mai più una promozione."

- *Astrazione selettiva, o filtraggio.* Nessun aspetto positivo potrà mai contare quanto quelli negativi: tutto ciò che si è fatto di buono non conta assolutamente nulla, mentre i propri insuccessi ed errori assumono proporzioni gigantesche. Si pensi alla reazione di Eliot: "Sì, negli ultimi tre mesi ho realizzato più vendite di tutti gli altri, ma è stata semplice fortuna. Adesso sono tornato il solito me stesso, uno che riesce a malapena ad assicurare la quota minima di contratti."

- *Assolutismi.* Si tratta di convinzioni rigide su come "dovrebbero" andare le cose: credenze e ipotesi che fanno riferimento a uno scenario ideale e perfetto, ma dovrebbero essere seguite da pensieri più realistici, capaci di prendere atto della situazione concreta. Una volta stabilito il nostro "dover essere", potremo elaborare un piano d'azione che ci porti dalla nostra condizione attuale a un'altra, più vicina a quella ideale. Ma spesso, guardando dove siamo, rimaniamo bloccati dal terrore, perché ci accorgiamo di non essere nemmeno vicini alla meta. Invece, questo dovrebbe essere il momento giusto per fermarci, riflettere e fare il punto, così da poterci rimettere in carreggiata.

- *Trovarsi al di fuori della propria zona di comfort.* Fin dall'infanzia, tutti ci siamo costruiti un contesto in cui ci troviamo al sicuro, perché sappiamo già molto bene come muoverci; quella è la nostra zona di comfort. Per esempio, nella famiglia di Sally era invariabilmente il padre a prendere tutte le decisioni. Ai figli si ripeteva sempre che i bambini si devono vedere, ma non sentire. Oggi che è diventata adulta, lavora, è sposata e madre di famiglia, Sally si trova ancora in difficoltà quando deve prendere una decisione. Charlie aveva lavorato per molti anni come impiegato amministrativo nell'esercito del suo paese; conosceva a menadito tutti i regolamenti militari e li seguiva scrupolosamente. Poi, dopo la pensione, si è trovato per la prima volta in vita sua a lavorare in ambito civile… e non riusciva a venirne a capo, perché in questo ambiente non esisteva un corpus di norme scritte che gli dicesse, punto per punto, come regolarsi quando si opera in azienda.

- *Gabbie mentali.* Crearsi delle gabbie mentali significa rimanere intrappolati in schemi di pensiero irrazionali che ci fanno sentire colpevoli e inadeguati. È facile lasciare che i primi insuccessi influenzino il nostro atteggiamento complessivo, anche sul lungo periodo. Perciò non dobbiamo fare mai l'errore di pensare: "Sono un completo disastro e non potrò mai essere niente di diverso."

- *Difficoltà ad accettare gli elogi.* Quando ci rivolgono un complimento, non dovremmo far altro che accettarlo, senza sminuirlo con commenti inopportuni, come: "Dici che ti è piaciuta la presentazione? Non era niente di che, ne ho sicuramente fatte di migliori." Rispondiamo, piuttosto, con un semplice "grazie". Così facendo, non solo esprimeremo gratitudine a chi si è congratulato con noi, ma soprattutto consolideremo allo stesso tempo la fiducia in noi stessi e la nostra immagine agli occhi degli altri.

Anche Sandra L., responsabile degli acquisti per il reparto giovanile di un negozio di abbigliamento, ha avuto una reazione di panico quando il suo capo le ha chiesto di fare da presentatrice a una sfilata di moda. Era abituata a conversare con i singoli clienti e sapeva cavarsela benissimo, ma dover parlare davanti a un pubblico numeroso era un altro paio di maniche: l'avrebbe portata ben al di fuori della sua normale zona di comfort. Per risolvere il problema, il suo capo le ha consigliato di iscriversi al Dale Carnegie Course.

Dale Carnegie ha elaborato, infatti, degli esercizi particolarmente utili per aiutare le persone a superare questo tipo di difficoltà. Il suo metodo consiste nel chiedere a ogni partecipante al corso di prendere la parola almeno una volta per ogni lezione, rivolgendosi all'intera classe, che si comporta come un pubblico incoraggiante e benevolo. Questo sistema si è rivelato efficace per migliaia e migliaia di corsisti, in oltre un secolo di attività della Dale Carnegie Training. E di sicuro si è rivelato efficace per Sandra, che ormai presenta diverse sfilate di moda ogni anno: i numerosi complimenti che ha ricevuto dal suo capo e dai clienti dopo la prima esperienza, infatti, hanno accresciuto la sua sicurezza.

Come rafforzare la fiducia in se stessi

Le strategie indicate di seguito potranno aiutarci a superare le distorsioni cognitive che contribuiscono all'autosvalutazione.

Imparare ad accettarsi

La capacità di accettare se stessi, inclusi i propri inevitabili limiti, si può raggiungere più facilmente se si mettono in primo piano innanzitutto quei lati positivi – qualità, punti di forza, tratti distintivi – che ci caratterizzano in modo particolare. Quando ci soffermiamo su questi aspetti della nostra immagine, infatti, autostima e sicurezza di sé non possono che trarne giovamento. È fin troppo facile riuscire a vedere solo i propri difetti anziché i pregi, come del resto fanno moltissime persone... ma in questo modo ci si fa assai più male che bene. Dobbiamo invece aiutare noi stessi, e gli altri, a dare più importanza alle nostre qualità positive.

Riflettere sui propri successi

Il passo successivo consisterà nel ripensare ai successi conseguiti in passato, e nel sentirsi orgogliosi per tutto ciò che siamo stati capaci di realizzare. È assai più facile soffermarci soprattutto sulle nostre sconfitte, che del resto gli altri non vedono l'ora di farci notare. Se invece dedichiamo un po' di tempo a contemplare i molti successi che abbiamo ottenuto – e tutti ne hanno parecchi –, il nostro modo di vedere le cose potrà modificarsi molto rapidamente.

Un metodo particolarmente utile, a questo proposito, è quello di creare un Inventario dei successi, ovvero una sorta di archivio delle tante conquiste e vittorie che abbiamo raggiunto nel corso della nostra vita. All'inizio risulterà un po' difficile redigere una lista davvero completa, ma con un pizzico di perseveranza riusciremo ad aggiungere sempre nuove voci all'elenco, e ognuna di queste contribuirà a consolidare la nostra autostima.

Henrietta lavorava come addetta alle vendite per un'agenzia immobiliare di Orlando, in Florida. Un giorno ricevette una lettera da una cliente, che la ringraziava per averla aiutata a trovare la sua casa ideale. Henrietta la mostrò con particolare orgoglio a tutti i colleghi, e il suo capo le consigliò di metterla in un raccoglitore apposito, dove avrebbe conservato ogni altro messaggio di ringraziamento che avrebbe ricevuto nel corso del tempo. "Sarà il tuo 'Schedario dei successi'," le disse. "Questi documenti ti tireranno su di morale nei momenti di scoraggiamento: sono la prova di quello che hai saputo fare in passato, e che saprai fare ancora in futuro."

Henrietta fece come le era stato suggerito e, poiché non tutte le sue vittorie erano comprovate da una lettera, inserì nello schedario anche uno speciale "Diario dei successi" dove annotava le sue conquiste più significative, come aver concluso una vendita particolarmente difficile, aver ottenuto la concessione di vendita per le nuove case realizzate da una grande impresa costruttrice, essere risultata la migliore venditrice del mese e così via.

Com'è inevitabile, tutti noi attraversiamo momenti di crisi e fasi negative. E Henrietta non faceva eccezione. Quando un cliente che sembrava quasi deciso ad acquistare cambiava idea all'ultimo momento, quando le capitava un periodo di magra, o semplicemente quando si sentiva giù di morale, lei metteva mano al suo "Schedario dei successi" e andava a rileggersi le varie lettere e tutte le voci annotate nel diario. Questo la aiutava a recuperare fiducia in se stessa e le infondeva la grinta necessaria per tornare a dimostrare il proprio valore.

Parole che danno la carica

Se combiniamo tra loro le due strategie finora descritte per elaborare un dialogo interiore positivo e fondato su prove e testimonianze concrete, scopriremo che perfino noi cominceremo a credere all'evidenza. In ambito sportivo, quando una squadra inizia a perdere colpi, l'allenatore tiene ai suoi atleti un

“Parlando a noi stessi ogni giorno,
ora per ora, possiamo indirizzare
la nostra mente verso pensieri
di coraggio e felicità, verso pensieri
di energia e di pace.
E parlando a noi stessi della gratitudine
che proviamo per tutti i doni
che ci sono stati elargiti, la nostra mente
si colmerà di pensieri capaci di librarsi
come un cantico.”

Dale Carnegie

apposito discorso d'incoraggiamento. E dato che siamo coach di noi stessi, il compito di farci questo discorsetto spetta... a noi medesimi. Che cosa ci diremo? Dovremo rivolgerci un discorso argomentato con cura, che sia in grado di reggere allo scrutinio più severo grazie alla consistenza delle prove su cui si fonda. Più solide e inoppugnabili saranno queste prove, più il messaggio che rivolgiamo a noi stessi risulterà credibile ed efficace. Il discorso d'incoraggiamento è una forma di dialogo interiore che dovremmo praticare tutti, di quando in quando. Si tratta, infatti, di uno strumento che ci permette di riprendere in mano l'unico fattore che siamo in grado di influenzare direttamente: il nostro pensiero. In altre parole, ogni tanto è necessario autopersuadersi, agendo come psicologi di se stessi, a ritrovare fiducia e autostima.

Per tornare all'esempio precedente, dopo aver riletto le attestazioni dei propri successi Henrietta si è rivolta un dialogo interiore basato sulle testimonianze raccolte nel famoso schedario. Si è ripetuta questo discorso più e più volte finché, proprio come gli allenatori danno la carica alla propria squadra, anche lei ha ritrovato la grinta per procedere verso nuovi traguardi.

Sapere quel che si vuole e come arrivarci

1. Concentriamoci sull'obiettivo che desideriamo raggiungere. Non basta dire: "Voglio un lavoro che offra buone prospettive." Siamo più precisi: "Voglio un posto come ricercatore di mercato che mi dia l'opportunità di dimostrare che merito di essere promosso a un ruolo dirigenziale."
2. Elaboriamo un piano ben definito che ci permetta di realizzare i nostri intenti, e iniziamo subito a metterlo in atto, che ci sentiamo pronti oppure no.
3. Scriviamo in modo chiaro e conciso qual è il nostro obiettivo e ciò che abbiamo intenzione di fare per realizzarlo.

4. Leggiamo a voce alta la nostra dichiarazione d'intenti due volte al giorno: una al mattino appena alzati e una la sera prima di andare a dormire. Mentre leggiamo, dobbiamo capire, sentire e credere di essere già in cammino verso la realizzazione del nostro obiettivo.

Chi è sicuro di sé sa assumersi dei rischi

Proviamo ad affrontare ogni esperienza inedita come un'occasione per imparare qualcosa di nuovo, anziché come una gara in cui si vince o si perde. È un cambiamento di prospettiva che non solo ci renderà più disponibili nei confronti di nuove opportunità, ma contribuirà anche a migliorare la nostra capacità di accettarci; in caso contrario, continueremo a considerare ogni novità come un'occasione per fallire, finendo così con l'ostacolare da soli il nostro percorso di crescita personale.

Ci sono persone che scelgono di non correre mai alcun rischio. Preferiscono andare sul sicuro, rimanere al riparo. E con ogni probabilità resteranno sempre un po' mediocri e non otterranno mai un vero successo. Voltando le spalle alla possibilità che qualcosa a cui tengono non vada a buon fine, sicuramente si risparmiano lo "strazio della sconfitta" ma, d'altra parte, non conosceranno mai neppure "l'esaltazione della vittoria".

Prendiamo la tartaruga: è una sorta di fortezza vivente, il suo carapace robusto e impenetrabile la protegge da qualsiasi attacco. Tuttavia, se vuole muoversi, deve tirare fuori la testa e il collo dalla corazza, esponendosi ai pericoli esterni. Anche noi, come la tartaruga, se vogliamo muoverci e fare progressi, dobbiamo rinunciare a chiuderci dentro il guscio di una perfetta sicurezza e allungare il collo verso l'esterno.

Assumersi dei rischi non significa necessariamente essere temerari. Le persone ragionevoli assumono rischi ragionevoli, ma, per definizione, un rischio comporta sempre un certo margine d'insuccesso. I manager affermati corrono dei rischi ogni volta che prendono una decisione, prima di farlo, però, hanno cura di massimizzare le proprie possibilità di riuscita attraverso un'approfondita ricerca e analisi dei dati pertinenti. Una volta scelta una certa opzione, devono essere disposti ad affrontare eventuali perdite in termini di denaro, tempo, energie fisiche ed emotive. Senza rischio, non c'è possibilità di guadagno.

Campionato di baseball, fine del nono inning. I Red Sox conducono sugli Yankees 2 a 1. I primi due battitori vengono eliminati. È il turno di Dave Winfield, il miglior battitore degli Yankees. La palla arriva dritta al di là del piatto. *Sbam!* Colpo regolare. Winfield scatta di corsa verso la prima base. Ce la fa senza difficoltà. Deve tentare un doppio gioco? In pochi secondi, Dave deve decidere se andare sul sicuro o assumersi il rischio di provare quella base extra che lo metterebbe in condizione di segnare un punto. Se sbaglia, la partita è chiusa, ma se corre questo rischio può aumentare le possibilità di trasformare una sconfitta in una vittoria. Winfield ha una netta propensione al rischio e, per poco che le probabilità di successo superino il 50 per cento, senz'altro deciderà di tentare. I campioni, nello sport come nella vita, accettano di correre rischi. È proprio per questo che sono dei campioni.

Nel suo libro *Come vincere lo stress e cominciare a vivere* (Bompiani, Milano 2017), Dale Carnegie offre un utile consiglio per superare le preoccupazioni. "Chiedetevi: 'Cosa mi può capitare nel peggiore dei casi?' Preparatevi a rassegnarvi nell'eventualità che si verifichi. Poi cercate di migliorare la situazione a partire dal peggio." Si può ricorrere a questo sistema anche per decidere se sia il caso di tentare una soluzione innovativa, drastica o semplicemente inconsueta per risolvere un certo problema.

Gil Baker non era mai riuscito a ottenere un appuntamento con Stan Green, il responsabile per gli acquisti di un potenziale cliente. Aveva provato a telefonargli, a scrivergli e

“

Tentiamo la sorte.
Tutta la vita è rischio,
azzardo, opportunità.
Colui che arriva più lontano
in genere è il più disposto
ad agire e a rischiare.
La barca di chi preferisce
stare al sicuro non si allontanerà
mai troppo dalla riva.

”

Dale Carnegie

perfino a fare anticamera direttamente presso la sua sede di lavoro – sempre senza risultato. I colleghi gli consigliarono di lasciar perdere Green, per dedicare il suo tempo e le sue energie ad altri possibili clienti. Ma Gil era un tipo ostinato. Doveva pur esserci un modo per far sì che l'uomo gli desse retta, una buona volta. A un certo punto venne a sapere che Green avrebbe fatto un intervento a un seminario di settore. "Se vado a quel seminario," pensò, "posso avvicinarlo dopo il suo intervento, fargli qualche domanda e quindi presentarmi, così perlomeno saprà chi sono." Il suo direttore delle vendite e i colleghi cercarono di farlo desistere: "Se la prenderà a male, a tal punto che non accetterà mai più di vedere qualcuno della nostra azienda."

Gil replicò citando i principi di Dale Carnegie: "*Cosa mi può capitare nel peggiore dei casi?* Be', al massimo non vorrà fare affari con noi. Ma non c'è problema, perché tanto non ne sta facendo neanche adesso, quindi non abbiamo niente da perdere. *Preparatevi a rassegnarvi nell'eventualità che si verifichi*: se non riesco ad attirare la sua attenzione durante il convegno, smetterò di insistere per averlo come cliente. *Cercate di migliorare la situazione a partire dal peggio*: se mi preparo con cura le domande da fargli, posso dimostrargli di conoscere bene il suo campo professionale, e questo potrebbe renderlo più disposto a ricevermi."

Assumendosi un rischio, Gil riuscì a entrare in contatto con un potenziale cliente che era considerato "irraggiungibile" e a instaurare una collaborazione molto redditizia per la sua azienda: dovremmo seguire tutti il suo esempio.

Assertivo o aggressivo?

C'è una bella differenza tra l'essere assertivi e sicuri di sé, e il mostrarsi dispotici e aggressivi. È vero che l'audacia e la fiducia sono qualità generalmente apprezzate, ma solo a patto che non si accompagnino a mancanza di tatto e indelicatezza. Molte storie di successo, personale o aziendale, sono nate proprio dal fatto che una certa persona, oppure un certo gruppo, ha saputo mettere in campo le proprie doti di assertività. Tuttavia, molti non hanno ancora le idee ben chiare su che cosa sia esattamente, e in che modo si distingua da un atteggiamento aggressivo o, al contrario, troppo passivo. Un comportamento assertivo si può definire come "la capacità di difendere le proprie posizioni in modo da non violare gli eguali diritti di qualcun altro".

Il più delle volte, a fare la differenza tra assertività e aggressività è sostanzialmente un problema di autostima. I principi enunciati da Dale Carnegie in fatto di rapporti umani ci indicano il giusto punto di equilibrio tra la difesa dei nostri diritti e il rispetto di quelli altrui. La comunicazione assertiva adotta un modo di relazionarsi agli altri che sappia coniugare la forza con la delicatezza. Anziché "calpestare gli altri" o "lasciarsene calpestare", essa ci consente di "camminare al loro fianco" allo scopo di individuare soluzioni vantaggiose per tutte le parti in causa.

La tabella che segue (Tab. 1) sintetizza in maniera efficace le differenze tra persone aggressive, assertive e passive.

Tab. 1 – Aggressivo, assertivo o passivo?

AGGRESSIVO	ASSERTIVO	PASSIVO
Mette se stesso al primo posto	Sa farsi rispettare, ma è anche sensibile ai bisogni degli altri	Mette gli altri al primo posto, anche a discapito delle proprie esigenze
Sovente stressato, finisce con lo stressare anche gli altri	Sa gestire e superare bene le situazioni stressanti	È spesso stressato, anche se non lo dà a vedere

In genere ha un'autostima piuttosto scarsa	Ha un'immagine di sé forte e positiva	Tendenzialmente, ha bassi livelli di autostima
Si esprime con una franchezza che sconfina nella maleducazione	Si esprime con sincerità, chiarezza e correttezza	Si esprime in maniera indiretta e spesso senza rendersi giustizia
In genere non è molto apprezzato o stimato dagli altri	Sa guadagnarsi la stima degli altri	Agli altri può piacere, come può non piacere
Tende a mortificare e sminuire gli altri, sente il bisogno di dominare su tutto e tutti	Sa incoraggiare e sostenere gli altri	Promuove il ruolo degli altri a scapito del proprio
Esige che gli altri si assumano tutte le proprie responsabilità, ma non fa altrettanto	È pronto ad assumersi la responsabilità delle proprie azioni, e pretende che gli altri facciano lo stesso	Si assume tutte le proprie responsabilità, ma non esige che gli altri facciano altrettanto
Cerca lo scontro, è polemico, e costringe gli altri ad atteggiamenti analoghi	Preferisce convincere offrendo il buon esempio, non cerca lo scontro ma quando è necessario non lo evita	Teme il confronto, per cui spesso risulta troppo remissivo
È severo e rigoroso con gli altri, ma non con se stesso	Contempera il rigore con gli opportuni margini di elasticità	È severo e rigoroso con se stesso, ma non con gli altri
Si rivolge agli altri con espressioni irritanti e sarcastiche	Parla in modo schietto, ma sempre con tatto e cortesia	Nel parlare si mostra molto riservato, indiretto, inibito
Parla senza mezzi termini e cerca di imporre le proprie idee e opinioni agli altri	Parla chiaro, ma senza prevaricare né offendere gli altri	Evita di esprimere emozioni, idee e opinioni
Quando deve dare disposizioni, impartisce ordini o comandi	Quando deve dare disposizioni, esprime una richiesta	Quando deve dare disposizioni, le esprime in forma di auspicio

Aiutare gli altri a sviluppare una buona autostima

In veste di genitori, possiamo aiutare i nostri figli a sviluppare una buona autostima e una solida fiducia in se stessi; in quella di manager, possiamo accrescere la sicurezza e l'autostima dei nostri collaboratori; come insegnanti o coach sportivi, possiamo promuovere sicurezza e fiducia tra i nostri allievi o tra gli atleti che alleniamo. Come? Insegnando loro a credere in se stessi e dando loro la possibilità di esprimersi liberamente.

Harvey Mackay, fondatore e amministratore delegato della Mackay Envelope Company e autore di vari libri dedicati al miglioramento personale, in un'intervista apparsa sulla rivista *Personal Excellence* ha detto:

> In definitiva, l'importante è trasmettere a ciascuno la consapevolezza di essere importante. In un ambiente sfavorevole, tutti si considerano delle vittime. In un ambiente propizio, ciascuno si sente su un piano di pari dignità con gli altri – forse non avranno tutti uguale potere, ma uguale dignità senz'altro. Un operaio non avrà magari la stessa possibilità che hanno i manager di far adottare i provvedimenti da lui auspicati, ma ha le stesse opportunità di esprimere la propria opinione, esattamente come, in famiglia, il più piccolo ha lo stesso diritto di parlare che hanno tutti gli altri. Questo, in sostanza, significa trasmettere in modo forte e chiaro un unico messaggio: tu sei una persona speciale, di cui abbiamo riguardo e che ci sta molto a cuore. Se volete che vostro figlio, o il vostro collaboratore, abbiano successo e se volete che la vostra famiglia o azienda possa prosperare, è necessario proprio questo: che ciascuno abbia riguardo per gli altri e li abbia a cuore.

In conclusione

- Non consentiamoci mai di nutrire un'idea meschina, ristretta e mediocre di noi stessi. Non consideriamoci mai deboli, inefficienti o inadeguati, bensì individui eccellenti, integri e completi.

- Escludiamo nel modo più assoluto la possibilità che la nostra vita si riveli un fallimento, nemmeno parziale.
- Affermiamo sempre vigorosamente che a questo mondo un ruolo per noi esiste, e che abbiamo tutte le intenzioni di trovarlo, e di svolgerlo come si deve.
- Abituiamoci ad aspettarci grandi cose da noi stessi. Non comportiamoci mai come se pensassimo di essere destinati a un ruolo modesto per tutta la vita: è un'idea che dobbiamo assolutamente evitare di trasmettere. Se ci abituiamo a coltivare sempre pensieri positivi, costruttivi e generosi, agendo di conseguenza, sarà proprio questo atteggiamento mentale ad aprirci una strada nel mondo, portandoci a realizzare le nostre aspirazioni.
- Nulla si ottiene per caso, senza una ragione valida, e questa ragione è di natura mentale. I pensieri sono forze, le forze con cui diamo forma alla persona che siamo e alle condizioni in cui viviamo. Forze acuminate, incessantemente occupate a modellare e cesellare il carattere di una persona e a dar forma alla sua esistenza. Non c'è modo di sfuggire ai propri pensieri: si dovrà necessariamente essere ciò che loro inducono.
- L'autostima non ci è data una volta per tutte; al contrario, ha bisogno di costante nutrimento e rinforzo. Per alimentarla servono parole, azioni, atteggiamenti, esperienze e un forte impegno personale a conservarla.
- Sviluppiamo l'abitudine di sostituire le espressioni negative che spesso usiamo parlando di noi stessi con espressioni di segno positivo. Dunque, non parole di sconforto, ma di speranza; non parole di delusione, ma di successo; non parole di sconfitta, ma di vittoria. E ancora: non parole di apprensione, ma d'incoraggiamento; non parole di indifferenza, ma di entusiasmo; non parole di odio, ma di affetto; in breve... parole di autostima.

2.
Coltivare l'entusiasmo

Se c'è un ingrediente del successo che surclassa tutti gli altri, questo è senza dubbio l'entusiasmo; una sorta di fermento interiore che investe la totalità del nostro essere. L'etimologia della parola deriva da due radici greche: *en*, ossia "dentro", e *theos*, che indica la divinità. Quindi, nel suo senso più letterale, il termine indica che chi è pervaso da questo sentimento ha "un dio dentro di sé". E in effetti si tratta di una qualità spirituale che arde nel profondo, una sorta di luce interiore. Un atteggiamento appassionato ed entusiasta è una qualità fondamentale ai fini della realizzazione personale: ispirerà pensieri e azioni improntati all'ottimismo; genererà un'energia positiva che ci aiuterà a migliorare i nostri rapporti con gli altri, ci renderà più disponibili ad accogliere le novità e farà perfino bene alla salute. Per contro, la sua mancanza produrrà effetti negativi. Dale Carnegie ha scritto che "la nostra stanchezza spesso non è causata dal lavoro ma dall'ansia, dalla frustrazione e dal risentimento".

Un atteggiamento appassionato nei confronti della vita susciterà in noi la forza necessaria a trasformarla. Se vogliamo alimentare questa energia, concentriamoci sul qui e ora. L'entusiasmo verso la nostra esistenza ci consentirà di lasciarci finalmente alle spalle sia i rimpianti di ieri, sia le apprensioni per quanto ci riserva il domani. Il passato, ormai, non si può più cambiare. E quanto al futuro, possiamo prepararcene uno migliore proprio adottando una mentalità euforica e positiva verso le opportunità che il presente ci offre.

Quando la nostra mente è animata da un sentimento di appassionata adesione alla vita, ecco che scopriamo dentro di noi un'energia sconfinata che ci consente di esprimere il nostro potenziale specifico e i talenti che ci contraddistinguono negli ambiti più svariati: affari, sport, società o famiglia. E, con l'andar del tempo, sensi di colpa, timori e ansie lasceranno il posto a sentimenti di fiducia e ottimismo.

Dale Carnegie ha scritto: "Ricordate, la felicità non dipende da chi siete o da quanto possedete; dipende solo e unicamente da quello che pensate. Quindi, iniziate ogni giornata pensando a tutti i lati belli della vostra vita per cui vi sentite grati. Il vostro futuro dipende in larghissima misura dal modo in cui ragionerete oggi. Quindi, date spazio a pensieri di speranza, fiducia, amore e successo."

Gli psicologi hanno osservato che i test che pretendono di valutare il quoziente intellettivo (QI) presentano una grave lacuna: non sono in grado di misurare la "spinta interna", espressione che nel linguaggio delle discipline psicologiche equivale a ciò che noi definiamo "entusiasmo". Stando a questi test, chi totalizza uno scarso punteggio sarebbe adatto a svolgere solo mansioni umili e poco qualificate, mentre un punteggio elevato sarebbe di per sé una garanzia di successo. Ma sappiamo che si tratta di deduzioni errate: ci sono stati individui che, pur avendo un QI piuttosto basso, a un certo punto si sono appassionati a una particolare idea o a un nuovo ramo di attività, e proprio grazie a questo loro entusiasmo sono arrivati ad affermarsi, raggiungendo traguardi importanti. Si sono visti anche parecchi casi della situazione opposta: persone di grande intelligenza che però non hanno ottenuto grandi risultati nella vita.

Quando chiesero a Mark Twain quali fossero le ragioni del suo notevole successo, lui rispose: "Sono nato entusiasta."

“ L’entusiasmo è la forza dinamica
della nostra personalità.
Senza di esso le nostre abilità, per notevoli
che siano, resteranno inespresse;
e si può tranquillamente sostenere
che ognuno di noi possiede un potenziale
latente molto maggiore di quello che saprà
mai utilizzare. Possiamo essere dotati di vaste
conoscenze, di notevole discernimento,
di ottime facoltà di ragionamento;
ma nessuno – nemmeno noi stessi – lo verrà
mai a sapere, finché non scopriremo
il modo di metterci il cuore,
nel nostro pensare
come nel nostro agire. ”

Dale Carnegie

Ed ecco che cosa scrive William Lyon Phelps, docente presso l'Università di Yale, nel libro intitolato *The Excitement of Teaching* (*La passione d'insegnare*): "Per me, l'insegnamento è ben più di una professione o di una semplice occupazione. È una vera e propria passione. Io amo insegnare, così come un pittore ama dipingere, un cantante ama cantare e un poeta ama scrivere. Ogni mattina, prima ancora di alzarmi dal letto, il mio pensiero corre con fervida gioia alla prima classe di studenti che sto per incontrare."

Uno dei principali fattori di successo è proprio la capacità di conservare un vivo interesse per il proprio lavoro, giorno dopo giorno; in pratica, la capacità di coltivare un "entusiasmo cronico", e di considerare rilevante e preziosa ognuna delle nostre giornate.

La passione conduce all'azione

Impegnarsi per coltivare l'entusiasmo in singoli individui, gruppi, squadre sportive, aziende e intere comunità produce enormi vantaggi, in termini di azioni positive, successi e soddisfazione. Lo si può constatare facilmente, per esempio, nelle competizioni sportive. Norman Vincent Peale, che fu amico e collega di Dale Carnegie, raccontava a questo proposito la storia di Vince Lombardi, uno tra i più grandi allenatori di football di tutti i tempi. Quando lo chiamarono a occuparsi della squadra americana dei Green Bay Packers, si trovò davanti un gruppo di giocatori più volte sconfitti e con il morale a terra. Allora rimase in piedi davanti a loro, limitandosi a osservarli in silenzio per lunghissimi minuti. Poi, con voce tranquilla ma pressante, parlò come segue:

> Signori, noi costruiremo una squadra fantastica. Vinceremo un sacco di partite. Mettetevelo bene in testa. Imparerete la tecnica del blocco. Imparerete a correre. Imparerete a

placcare. Batterete le squadre avversarie sotto ogni profilo. Mettetevelo bene in testa.
E come sarà possibile? Semplice: dovete avere piena fiducia in me e un totale entusiasmo per i miei metodi. Il segreto dell'intera formula è quello che succede qui [e si picchiettò la tempia]. D'ora in avanti, voglio che abbiate in testa solamente tre cose: la vostra famiglia, la vostra fede religiosa e i Green Bay Packers, esattamente in quest'ordine. E adesso, abbandonatevi pure all'entusiasmo.

Ora i giocatori davanti a lui sedevano ben dritti sulle panche. "Sono uscito da quella riunione sentendomi alto due metri," scrisse poi il quarterback.

Ebbene, quell'anno i Packers vinsero sette partite – in pratica, con gli stessi uomini che ne avevano perse dieci nella stagione precedente. L'anno successivo vinsero il campionato di divisione e il terzo anno il campionato mondiale. E perché? Perché, oltre ad allenamenti impegnativi, al talento personale e all'amore per lo sport, adesso avevano anche l'entusiasmo: e il fattore decisivo era stato proprio quello.

Dale Carnegie citava spesso le parole di Frederick Williamson, presidente della New York Central Railroad fino al 1932: "Più vado avanti, più mi persuado che *l'entusiasmo è il vero e misconosciuto segreto del successo*. In genere, la differenza tra chi ottiene delle vittorie e chi no non è poi tanto grande, almeno non in termini di competenza, di abilità e d'intelligenza. Ma, tra due persone che si equivalgono sotto ogni altro profilo, quella che possiede l'entusiasmo supererà sempre quella che ha le sue stesse, ottime, doti... ma non la stessa passione."

Quando Sir Edward Victor Appleton, premio Nobel per la fisica, divenne rettore dell'Università di Edimburgo, il settimanale *Time* gli inviò un messaggio di congratulazioni, chiedendo fra l'altro se potesse indicare ai lettori una qualsiasi formula per avere successo. "Ma certo," rispose Appleton, "l'entusiasmo. A mio parere, quello è più importante perfino delle competenze professionali."

Thomas A. Edison diceva: "Chiunque, morendo, lasci in eredità ai suoi figli una ricca dote di entusiasmo, sarà certo di aver assicurato loro un patrimonio di valore incalcolabile." E si tratta di una verità comprovata dall'esperienza: l'entusiasmo è ancora più prezioso della ricchezza, perché non solo genera prosperità, ma anche un intenso gusto per la vita.

L'entusiasmo nasce da dentro

L'entusiasmo non è qualcosa di epidermico, bensì deve scaturire dal profondo. È molto difficile riuscire a simularlo, e comunque non è mai possibile fingere a lungo. Un utile sistema per generarne un flusso costante è quello di proporsi un obiettivo e mettersi all'opera per realizzarlo; poi, una volta conseguito il primo, prefiggersene un secondo e impegnarsi per portare a termine anche questo. Lo slancio e il senso della sfida offerti da un tale modo di procedere non potranno che vivificare di continuo il nostro fervore.

Ci sono persone che, quando sono giù di morale, cantano per farsi passare la tristezza. Comportandosi come se fossero di buon umore, riescono a recuperare la serenità. Lo stesso principio vale anche per l'entusiasmo. Se cerchiamo di suscitare in noi stessi un po' di trasporto e di slancio per il nostro lavoro, o per un qualsiasi altro aspetto della nostra vita, scopriremo presto di provare davvero quel coinvolgimento sincero, quella spinta emotiva che prima ci mancava.

Individuare una fonte di entusiasmo

Non bisogna confondere l'entusiasmo con tutto ciò che genera chiasso, strepiti o clamori. Dale Carnegie ha definito

“Come fare per diventare
persone ricche di entusiasmo?
Ricordando a voi stessi gli aspetti piacevoli
di ciò che state facendo e scegliendo
di non soffermarvi troppo su quelli meno
gradevoli, per passare rapidamente ai primi.
Poi, comportatevi da persone entusiaste:
parlatene con qualcun altro, spiegategli
perché trovate così interessante
quello che state facendo.”

Dale Carnegie

l'entusiasmo una qualità spirituale che arde nel profondo – un'esaltazione trattenuta – e ha detto: "Se il vostro cuore arde dal desiderio di aiutare gli altri, allora siete pervasi da un intenso fervore. E tale fervore vi traspare dagli occhi, dal volto, dall'anima e da tutto il vostro essere. Vi sentite come ispirati, e il vostro sentimento diventa a sua volta fonte d'ispirazione per gli altri."

Per poter dire di essere profondamente infervorati, dunque, è necessario avvertire questa passione che ci afferra fin nel profondo dell'animo. Tuttavia, spesso dobbiamo occuparci di compiti e attività che non suscitano in noi una partecipazione così intensa. In tal caso, una soluzione che può contribuire a risvegliare il nostro entusiasmo consiste nell'individuare, anche in simili frangenti, un qualche aspetto in grado di appassionarci. Concentrandoci su questo, riusciremo a sviluppare un entusiasmo genuino.

Dopo la laurea alla facoltà di giurisprudenza, Carol trovò il suo primo lavoro: fu assunta come socio giovane in uno studio legale. Per la verità si sentiva sconfortata alla prospettiva di dedicarsi per ore a noiose ricerche d'archivio inerenti alle varie azioni legali; d'altra parte, sapeva bene come queste operazioni fossero indispensabili affinché gli altri avvocati dello studio potessero preparare adeguatamente le loro istruttorie. Tuttavia quale vantaggio poteva ricavare da questo incarico necessario, sì, ma così tedioso? A un certo punto, Carol si accorse che in realtà tale compito era anche un modo attraverso il quale lo studio intendeva verificare le sue capacità di giovane avvocato. Riflettendo che, se fosse riuscita a individuare nel materiale d'archivio gli aspetti più significativi per le singole cause, la sua carriera ne avrebbe tratto un sicuro giovamento, Carol ben presto si appassionò a questa "caccia al dettaglio". In pratica, divenne sinceramente entusiasta della mansione che stava svolgendo.

Diventare dei veri esperti

Cerchiamo d'imparare tutto il possibile sull'argomento di cui ci stiamo occupando, lo studio genera conoscenza, e spesso una conoscenza più approfondita ci porta ad appassionarci alla materia in questione. Quando Andy fu assunto come assistente del funzionario preposto all'amministrazione del suo municipio, sperava di poter contribuire alla soluzione dei numerosi problemi politici della municipalità. Invece, il suo capo gli assegnò una serie di compiti molto banali: controllare che i moduli fossero compilati correttamente, accertarsi che i vari documenti venissero debitamente registrati, archiviati o trasmessi, e tanti altri incarichi dello stesso genere.

Dopo pochi mesi, Andy se ne lamentò con il capo: "I lavori che faccio ora potrebbe svolgerli benissimo anche qualcuno senza il diploma. Io però ho una laurea, e potrei risultare molto più utile a questo ufficio, se solo lei mi affidasse compiti più complessi." E il funzionario rispose: "Andy, se l'ho assunta è proprio perché so che lei potrà essermi di grande aiuto per questioni importanti. Ma conoscere molto bene tutti gli aspetti del lavoro che svolgiamo qui, a partire dai più banali, le fornirà le basi indispensabili per potersi assumere responsabilità di maggior rilievo. Anziché considerare questi suoi incarichi come noiose inezie burocratiche, cerchi di capire che cosa rappresentano, perché sono necessari tutti questi dati e quale importanza abbiano per il buon funzionamento del nostro ufficio."

Andy seguì il consiglio del suo superiore. Invece di limitarsi a eseguire i vari controlli sugli aspetti di dettaglio, cominciò a studiare il materiale, a chiedere informazioni più approfondite e imparò tutto il possibile sulle procedure successive, che contribuivano a risolvere i vari problemi.

Insomma, non passò molto prima che Andy iniziasse ad aver fretta di arrivare al lavoro la mattina, impaziente com'era di apprendere ogni volta qualcosa di nuovo.

“Per appassionarci a qualcosa,
dobbiamo credere in quello che facciamo
e in noi stessi, e in più avere in mente
un obiettivo ben definito
che desideriamo realizzare.
Questa è la ricetta più sicura
per generare entusiasmo.”

Dale Carnegie

Tentare un approccio diverso

Alfred M. è il rappresentante di una ditta sudafricana che noleggia gru alle imprese costruttrici. Ci ha raccontato come sia riuscito ad assicurarsi le commesse di uno dei clienti più refrattari del settore applicando proprio i principi relativi al potere del vero entusiasmo.

Il cliente in questione, che chiameremo "Smith", era un tipo ruvidissimo e terribilmente irascibile. Dopo due visite andate a vuoto, in cui Smith si era rifiutato persino di dargli ascolto, Alfred stava per lasciar perdere, ma poi decise di non rinunciare così presto al proprio entusiasmo: avrebbe fatto un ultimo tentativo.

Tra l'anticamera in cui attendeva il suo turno e l'ufficio di Smith la porta era rimasta aperta e Alfred vedeva l'imprenditore, apparentemente fuori di sé dalla rabbia, che sbraitava in faccia a un venditore della concorrenza. Alla fine lo mandò via (poco mancava che lo buttasse letteralmente fuori) e gridò: "Avanti il prossimo!"

Ecco il resoconto testuale di Alfred sul resto della vicenda:

> Entrai nel suo ufficio solo per sentirlo subito sbottare: "Di nuovo lei? Le ho già detto di no, non mi faccia sprecare altro tempo!" Prima che potesse riprendere fiato, gli feci un gran sorriso e, senza alcun tremito nella voce (condizione tutt'altro che rara, tra i venditori che si trovavano in presenza di Smith), gli dissi nel mio tono più entusiastico: "Voglio la fornitura a noleggio di tutto il suo parco gru."
> Rimase impalato alla scrivania per qualcosa come quindici secondi, senza emettere un suono. Poi mi diede una strana occhiata e mi disse: "Si sieda e mi aspetti qui," e se ne uscì dalla stanza. Quando tornò, dopo una mezz'oretta buona, mi squadrò sconcertato e sbraitò: "Si può sapere che diavolo ci fa ancora qui?" Io replicai che avevo in serbo per lui un'offerta talmente vantaggiosa che non avevo nessuna intenzione di

andarmene senza avergliela prima sottoposta. Per farla breve, andò a finire che Smith sottoscrisse un ordine di 75.000 *rand* al mese per un anno, con concrete possibilità di rinnovo.

Dialogo interiore

Nel capitolo precedente abbiamo visto che rivolgersi mentalmente un discorso d'incoraggiamento è un metodo molto efficace per rafforzare la propria sicurezza di sé. È un sistema che funziona anche quando si ha bisogno di rinfocolare il proprio entusiasmo nei confronti del compito che ci troviamo di fronte.

Lisa voleva lavorare come segretaria in uno studio medico. Aveva frequentato il relativo corso di formazione, superato le prove finali, e poi si era messa alla ricerca di un impiego. Dopo diversi rifiuti dovuti alla sua mancanza di esperienza, la giovane iniziava a sentirsi scoraggiata. Quando si recò all'ennesimo colloquio, prima di entrare ebbe addirittura la tentazione di lasciar perdere: "A cosa vuoi che serva? Mi diranno la stessa cosa che mi hanno già detto tutti gli altri..." Ma poi, invece di arrendersi, si rivolse un discorsetto d'incoraggiamento. "Questo impiego lo voglio e ho tutte le competenze necessarie. Sono stata una dei migliori studenti del corso. Sono una lavoratrice diligente e responsabile. Sono perfettamente in grado di svolgere bene questo incarico e mi dimostrerò una collaboratrice di gran valore per questo studio." Continuò a ripetersi mentalmente queste parole mentre attendeva che il dottore la ricevesse. Al momento di rispondere alle domande che le vennero poste, Lisa parlò con tale convinzione e slancio che riuscì a ottenere l'impiego.

Qualche mese dopo il medico le rivelò che, al momento di esaminare il suo curriculum, aveva subito notato che Lisa era priva di esperienza e aveva pensato di respingere la sua

“

L’entusiasmo non è
una mera manifestazione esteriore,
ma qualcosa che opera dall’interno.
L’entusiasmo nasce
da una genuina predilezione
per un qualche aspetto dell’attività
cui vi dedicate.

”

Dale Carnegie

candidatura, pur avendola convocata a colloquio per una forma di pura cortesia. Ma poi era rimasto così colpito dal suo entusiasmo che aveva deciso di darle una possibilità. Lisa dimostrò la stessa passione anche sul lavoro e divenne presto una segretaria estremamente brava e apprezzata.

L'entusiasmo aiuta a superare le difficoltà

Andrew Grove è stato un uomo che ha saputo trionfare sulle avversità proprio grazie al suo potente e tenace entusiasmo. Nato in Ungheria, negli anni della giovinezza conobbe dapprima la persecuzione nazista, durante la seconda guerra mondiale, e poi quella sovietica, dopo l'invasione ungherese del 1956. Appena ventenne fuggì negli Stati Uniti, con una manciata di dollari in tasca e una conoscenza soltanto rudimentale della lingua inglese. Nonostante le moltissime privazioni e le difficoltà incontrate sul proprio cammino, non perse mai la passione per lo studio né la determinazione a costruirsi una vita proficua. Riuscì a frequentare i corsi del City College di New York, svolgendo allo stesso tempo i lavori più vari per mantenersi, fino a conseguire la laurea in ingegneria chimica. In seguito, proseguì la sua formazione ottenendo la laurea magistrale e il dottorato nella stessa materia presso la University of California di Berkeley.

Andrew Grove ha dato un impulso importantissimo, anzi forse decisivo, allo sviluppo e alla diffusione di massa di una delle maggiori innovazioni del XX secolo: il personal computer. Furono infatti le tecnologie d'avanguardia elaborate da Grove e dai suoi collaboratori, prima per la Fairchild Semiconductor e poi per la Intel – di cui fu cofondatore nel 1963 –, a gettare le basi della successiva grande "rivoluzione dei personal computer", della quale il mondo oggi conosce gli enormi benefici, sia tecnologici sia economici. Grove sapeva più che bene che cosa significasse incontrare ostacoli e difficoltà, ma in vita sua è sempre riuscito a conservare entusiasmo e determinazione, rimanendo concentrato sul suo principale obiettivo, che era allo stesso tempo ciò che sapeva fare meglio: sviluppare tecnologie sempre più veloci, più potenti e a prezzi più accessibili.

È quindi soprattutto grazie al geniale talento e alla capacità di visione di Andrew Grove che milioni di persone, ora, possono avere accesso immediato, e a costo ridotto, a una quantità di informazioni e svaghi che le generazioni precedenti non potevano neanche sognarsi. Non sorprenderà quindi apprendere che, nel 1997, il settimanale *Time* lo nominò "persona dell'anno". Qualche anno dopo gli fu diagnosticato un tumore ma, dopo averlo contrastato con la stessa energia ed entusiasmo che lo avevano portato a creare la Intel, alla fine guarì. Grove ci ha lasciati solo nel 2016, all'età di settantanove anni.

Questi ci ha dimostrato che le possibilità di ottenere successi e prosperità non vengono per forza annullate dalle avversità, dalle persecuzioni o dalla povertà. Se si mettono in campo obiettivi, passione e la capacità di lavorare sodo, diventa possibile trasformare la propria visione in realtà e compiere imprese straordinarie. Allo stesso tempo si potranno superare moltissimi ostacoli – dalle difficoltà economiche a un problema di salute –, se li si affronta con la giusta dose di grinta ed entusiasmo.

Sempre a tal proposito, Dale Carnegie era rimasto particolarmente colpito da una poesia del filosofo ottocentesco Samuel Ullman, tanto che ne teneva una copia incorniciata e appesa sopra la scrivania. La poesia recita:

Gli anni possono far avvizzire il volto,
ma è la rinuncia all'entusiasmo
che fa avvizzire l'anima.
[...]

Voi siete
giovani come la vostra fiducia, vecchi come la vostra sfiducia,
giovani come la vostra sicurezza, vecchi come il vostro timore,
giovani come la vostra speranza, vecchi come il vostro sconforto.

L'atteggiamento giusto

Un presupposto indispensabile, per chi voglia diventare una persona entusiasta, intraprendente e motivata, è la convinzione che le cose andranno a finire bene e non male; che avremo successo e non falliremo; che, a prescindere da quello che potrà accadere o non accadere, saremo felici.

Non c'è sostegno più efficace di un simile atteggiamento mentale improntato all'ottimismo e ricco di aspettative; l'atteggiamento tipico di chi cerca e si aspetta ogni volta l'esito migliore, il più felice, senza mai concedersi di abbandonarsi al pessimismo e allo sconforto. Dobbiamo credere, sempre, che noi realizzeremo le nostre aspirazioni, senza dubitarne mai, neppure per un istante.

Quale che sia l'obiettivo che stiamo tentando di concretizzare, dovremmo sempre mantenere un atteggiamento speranzoso e ottimistico. Prima di tutto, perché questa mentalità ci infonderà la forza per sviluppare appieno tutte le nostre facoltà.

Le persone affermate hanno l'abitudine di somministrarsi delle vere e proprie "cure" di successo e di prosperità, che consistono nel rivolgersi tutti gli incoraggiamenti necessari e rafforzare le proprie capacità di pensiero positivo, in modo da rimanere immuni da qualsiasi sentimento scoraggiante e pessimistico.

L'unico mondo che riusciremo mai a conoscere, che consideriamo vero qui e ora, è quello che la nostra mente crea per noi – il mondo della nostra consapevolezza. L'ambiente che modelliamo in base ai nostri pensieri, convinzioni, ideali, cioè in base alla nostra filosofia, è il solo in cui ci sarà dato di vivere. Il domani forse ci porterà altre ambizioni, nuove idee. Nell'immediato, però, dobbiamo realizzare quella che è la nostra aspirazione di oggi.

Per contro, nessuno ha mai ottenuto nulla di buono fingendo di essere qualcun altro, neanche se era un personaggio di successo. Un trionfo non può essere copiato – è inimitabile. È una creazione individuale, una forza personale.

L'entusiasmo scaturisce dalle nostre risorse interiori – non ha altra fonte possibile. Perciò dobbiamo essere noi stessi. Dobbiamo ascoltare la nostra voce mentale. Ricordiamo che ci sono margini di miglioramento in qualsiasi professione, qualsiasi mestiere, qualsiasi attività. Il mondo va in cerca, ha bisogno di persone che sappiano dare contributi nuovi e migliori. Non dobbiamo pensare che non ci ascolteranno, solo perché siamo ancora giovani e inesperti, oppure perché la nostra idea o il nostro piano non ha precedenti. Chiunque abbia qualcosa di nuovo e di valido da offrire al mondo sarà ascoltato e sarà seguito. Chi ha il coraggio di pensare con la propria testa e di inventare nuovi metodi, chi non ha paura di essere se stesso anziché limitarsi ad agire come la semplice copia di qualcun altro, otterrà ben presto i riconoscimenti dovutigli. Non c'è dote che attragga l'attenzione di un datore di lavoro, o del mondo in generale, più dell'originalità e della capacità di operare in maniera inedita, soprattutto se si rivela anche efficace.

Dirigere i propri pensieri

Tenendo presente il fatto che è la mente a governare tutto il nostro mondo, va osservato che la forza in essa racchiusa è stata troppo spesso ignorata, o mal compresa. E, anche quando ne veniva riconosciuto l'effettivo potere, è comunque stata considerata un'entità fissa e inalterabile, uno strumento che avrebbe saputo utilizzare solo chi nasceva con il talento indispensabile per sapere come farlo. Negli ultimi anni le ricerche si sono rivolte sempre più alla possibilità di dirigere i propri pensieri e di usare tale capacità per cambiare un carattere adulto, arrivando così a modificare anche il contesto esterno – o almeno le sue ripercussioni sul singolo individuo – per agevolare esiti positivi in termini di salute, soddisfazione e successo.

Se una persona sana e forte viene ipnotizzata da qualcuno che la convince di non potersi alzare dalla sedia, allora crederà di essere davvero un invalido, almeno finché non si spezza il meccanismo di suggestione. Se si tratta di salvare una vita umana, anche una donna esile troverà la forza di sollevare qualcuno che pesa più di lei, pur di non lasciarlo inghiottire dalle fiamme o dai flutti. In entrambi i casi vediamo che è la mente, e non le effettive capacità fisiche, a determinare il risultato. Eppure, in entrambi i casi si tratta di un semplice lavoro di muscoli.

Se poi il compito da realizzare consiste soprattutto in una serie di attività mentali (come accade in molte occupazioni che portano al successo), è evidente che il ruolo svolto dal pensiero sarà ancor più determinante. Chi ha riportato qualche vittoria in questo mondo – in battaglia, negli affari o nell'ambito del progresso morale – è riuscito a farlo grazie alla disposizione mentale con cui ha affrontato l'impresa.

Quando si affaccia il dubbio, scompare ogni certezza. Fintanto che non avremo cancellato dal nostro vocabolario le parole "destino", "impossibile" e "insicurezza", non riusciremo a fare nessun passo avanti. Non si può diventare più forti se si è convinti di essere deboli, né essere felici se si pensa solo alle proprie disgrazie e traversie.

Difficilmente si può guarire o star meglio, se rimaniamo concentrati sui nostri disturbi e su come abbiamo perso la speranza di recuperare la salute, del tutto o in parte. Allo stesso modo, non possiamo pretendere che le nostre doti manageriali emergano e si rafforzino, se dubitiamo della nostra capacità di portare a termine davvero ciò che abbiamo intrapreso. Non c'è nulla che indebolisca la mente e le impedisca di pensare in modo produttivo, quanto l'ammissione della propria debolezza o i dubbi sulla propria capacità di portare a termine qualcosa.

È un esercizio importante di dovere verso se stessi e il prossimo, in sostanza una forma di autocontrollo che ci condurrà a una maturazione sul piano personale. Forse per via del fatto che il pensiero è per sua natura inafferrabile, o forse perché molti di noi non si preoccupano minimamente di governarlo a dovere, in genere ci s'immagina che imparare a prendere le redini della propria mente sia questione complicata e astrusa, che richiederebbe dosi eccessive di impegno, tempo e nozioni teoriche perché valga la pena di provarci. Nulla di più lontano dal vero. Tutti noi, nessuno escluso, possediamo le doti necessarie per rimodellare la nostra disposizione mentale e il nostro carattere e per riuscire a imprimere una svolta positiva alla nostra vita.

Incanalare l'entusiasmo in azioni concrete

Sconfiggendo timori, dubbi e incertezze, la fiducia in se stessi consente di affrontare le proprie attività con entusiasmo e di arrivare a buoni risultati. Per contro, una mente minata dall'insicurezza non ci permetterà di agire con vigore. Occorre avere convinzione, per poter essere efficienti.

Quando procediamo, dobbiamo stare fissi sul traguardo, tenere davanti agli occhi il premio finale considerandolo già vinto, consapevoli che ci stiamo avvicinando ogni momento sempre di più alla nostra meta. Questo genera l'entusiasmo che ci sosterrà durante il percorso. Uno dopo l'altro, gli ostacoli svaniscono alle nostre spalle e quello che all'inizio ci era sembrato un compito troppo arduo, quasi sovrumano, ora ci appare agevole e quasi facile. Il fattore cruciale è non perdere mai di vista l'obiettivo e non permettere che la passione si affievolisca o che la nostra visione si indebolisca.

Ma l'entusiasmo da solo non basta, per produrre risultati: alla contemplazione interiore deve far seguito un impegno concreto. I desideri non ci esimono, infatti, dalla necessità di metterci al lavoro con determinazione; piuttosto, servono a indicarci quali sono gli sforzi da intraprendere e in che modo andranno affrontati.

Dieci metodi collaudati per risvegliare l'entusiasmo

1. Scegliamo un traguardo finale ben preciso: quel determinato ambito, professionale o di altro genere, che desideriamo affrontare con maggiore entusiasmo. Scriviamo una chiara definizione di tale proposito, poi redigiamo anche il piano d'azione che intendiamo seguire per realizzarlo.
   Quando Harry venne eletto presidente del comitato di raccolta fondi per il centro civico locale, il suo obiettivo era infondere nel prossimo lo stesso entusiasmo che provava per l'iniziativa in questione: dapprima si sarebbe occupato degli altri membri del gruppo, poi di tutti i collaboratori impegnati nel progetto. Dopo un'attenta riflessione, elaborò un preciso piano d'azione, lo fece pubblicare sul bollettino dell'associazione e trasmise una copia dell'articolo, via e-mail, a tutti i componenti del comitato. Ora, ognuna delle persone coinvolte era a conoscenza del suo programma e di ciò che avrebbe potuto fare per aiutarlo a realizzarlo. Ma, cosa ancor più importante, Harry stampò l'articolo in diverse copie, belle grandi, e le attaccò in vari

punti strategici: sullo specchio del bagno, sul frigorifero della cucina e sulla parete accanto alla scrivania, in modo da poterlo tenere costantemente sott'occhio, avere tutti i dati a portata di mano e conservare intatto il proprio entusiasmo nei confronti del progetto.

2. Partiamo in quarta: "aggrediamo" la fase operativa del piano con l'ardente determinazione di chi è deciso a vederlo realizzato, e anche molto bene. Non lasciamo affievolire il nostro entusiasmo. Pensiamo al nostro programma sempre, ogni giorno e ogni notte: deve diventare il nostro pensiero dominante.

3. Non rimandiamo. Non appena la strategia è stata definita, iniziamo immediatamente ad attuarla. Harry riunì il comitato e con loro si dedicò subito a definire il calendario operativo, indicando chi avrebbe fatto che cosa, quali sarebbero state le tabelle di marcia da rispettare e quali i risultati attesi.

4. Stabiliamo gli opportuni metodi di verifica e controllo. Troppo spesso, anche i piani meglio congegnati rimangono sulla carta, perché non c'è nessuno che appuri come procedono i lavori. E, quando ciò che era stato programmato non si concretizza, l'entusiasmo iniziale comincia ad appannarsi. Harry indicò precisi momenti di verifica e rendiconto, in modo che ciascun membro del comitato potesse misurare il grado di avanzamento delle attività affidategli.

5. Contrattempi, ostacoli e intoppi non mancheranno: teniamone conto. Alcuni di noi tendono a perdere slancio, quando le cose non vanno come dovrebbero. È in momenti come questi che il nostro entusiasmo ci viene in soccorso, un po' come un'iniezione di adrenalina, e ci infonde nuove energie per superare gli ostacoli. A volte

è necessario cambiare direzione – ma non è detto che la soluzione sia per forza quella. Cerchiamo di capire che cosa non ha funzionato. Può darsi che basti semplicemente provvedere a qualche piccola rettifica, ma se dovessero insorgere problemi di una certa rilevanza, riesaminiamo bene l'accaduto. Tuttavia, se ci accorgiamo di essere rimasti troppo indietro, allora può essere il caso di rivedere il piano e riscriverlo in maniera diversa. Mantenendo intatto l'entusiasmo, potremo affrontare anche questo compito come una stimolante opportunità.

6. Ricordiamoci che non siamo soli. Così come una squadra sportiva ha i suoi tifosi e sostenitori, anche noi abbiamo bisogno di un bel gruppo di "cheerleader", che ci applauda quando lavoriamo bene e ci rincuori quando siamo in difficoltà. Però, diversamente da quanto in genere accade per i cheerleader del liceo, dovremo scegliere persone che siano non solo ottimiste e pronte a sostenerci, ma anche esperte e competenti, così da poter contribuire ai nostri sforzi. Harry aveva un mentore che lo aveva consigliato in alcune fasi della sua carriera e che non gli aveva mai fatto mancare il proprio sostegno nei momenti critici. Grazie all'aiuto di questa guida, nel caso specifico poté radunare un gruppo di persone che avevano già esperienza in materia di raccolta fondi e che gli avrebbero facilitato il superamento degli ostacoli più complicati.

7. Alla larga dai pessimisti. Il mondo è pieno di profeti di sventura, gente convinta che qualsiasi iniziativa sia destinata a fallire e che non fa altro se non predire esiti infausti. Se poi qualche intoppo si presenta davvero, anziché rendersi utili questi bei tipi si limitano a ribadire: "Te l'avevo detto, no?" Teniamo le persone come queste accuratamente fuori dal nostro comitato o dalla nostra

squadra di collaboratori. Se poi ci troviamo costretti a lavorare con loro, almeno cerchiamo di avere nel gruppo parecchie persone che brillano per il loro ottimismo, così da compensare l'inevitabile corrente di negatività.

8. Facciamo dell'entusiasmo una vera e propria abitudine. Certo, ogni consuetudine ha bisogno di rinforzo. Quindi non lasciamo che passi neanche un giorno senza fare qualcosa che aiuti il nostro piano a progredire.

9. Non smettiamo mai di credere che raggiungeremo il nostro traguardo, per quanto lontana possa sembrarci adesso la meta. Se sentiamo che la nostra convinzione inizia a indebolirsi, un bel "discorso d'incoraggiamento interiore" lo ravviverà subito.

10. Manteniamo sempre una mentalità positiva. L'entusiasmo prospera dove regnano speranza, fiducia, generosità, sicurezza e tolleranza. Perseveriamo in questi sentimenti positivi e il nostro progetto non potrà che procedere a gonfie vele.

Ralph Waldo Emerson, considerato il più illustre tra i filosofi statunitensi, attribuiva all'entusiasmo un valore cruciale, tant'è vero che in una delle sue opere scrisse: "Ogni momento grande e possente che compare negli annali del mondo è un trionfo dell'entusiasmo."

In conclusione

- L'entusiasmo è il vero e misconosciuto segreto del successo.
- Proponiamoci un obiettivo e mettiamoci all'opera per realizzarlo; poi, una volta conseguito il primo, prefiggiamocene

un secondo e impegniamoci per portare a termine anche questo. Lo slancio e il senso della sfida offerti da un tale modo di procedere non potranno che vivificare di continuo il nostro fervore.

- Impariamo tutto il possibile sull'argomento di cui ci stiamo occupando. Lo studio genera conoscenza, e spesso una conoscenza più approfondita porta ad appassionarsi alla materia in questione.
- Le persone più ricche di entusiasmo sono senza dubbio quelle capaci di automotivarsi: l'incoraggiamento in assoluto più efficace, infatti, sarà sempre quello che proviene dalla nostra voce interiore. Se crediamo in noi stessi e nel nostro inevitabile successo, allora ci siamo già assicurati un'inesauribile fonte di entusiasmo.
- Assumiamo sempre un atteggiamento ottimistico, di attesa e di speranza. È una mentalità che permetterà di affrontare con entusiasmo qualsiasi attività o impegno.
- Sconfiggendo timori, dubbi e incertezze, la fiducia in se stessi consente di affrontare le proprie attività con entusiasmo e di arrivare a buoni risultati. Per contro, una mente minata dall'insicurezza non ci permetterà di agire con vigore. Occorre avere convinzione, per poter essere efficienti.
- Non smettiamo mai di credere che raggiungeremo il nostro traguardo, per quanto lontana possa sembrarci adesso la meta. Se ci accorgiamo che la nostra convinzione inizia a indebolirsi, un "discorso d'incoraggiamento interiore" ci sarà di grande aiuto.

3.
Stabilire e raggiungere traguardi realistici

Tutte le persone di successo partono da un traguardo. Proporsi degli obiettivi e lavorare per riuscire a conseguirli è il primo passo da compiere sulla lunga strada che conduce al successo. Avere le idee chiare su dove vogliamo andare e su come intendiamo arrivarci ci permette di convogliare opportunamente le nostre risorse in termini di tempo, energie ed emozioni, e di partire con il piede giusto verso il conseguimento dell'obiettivo che ci sta a cuore.

Se una nave ha il timone spezzato, potrà andare avanti finché vuole, magari alla deriva e con le vele spiegate, ma non arriverà mai da nessuna parte. Non raggiungerà mai un porto se non per caso e, se troverà un rifugio, il suo carico potrebbe benissimo non rispondere alle esigenze della popolazione, del clima o delle condizioni locali. Una nave dev'essere diretta verso un porto preciso e idoneo, dove vi sia un'adeguata richiesta per le sue merci, e deve puntare con fermezza verso quel porto a dispetto di bonacce e tempeste, nebbie e fortunali.

Allo stesso modo, una persona che vuole avere successo non dovrà andare alla deriva sull'oceano della vita come una nave senza timone, tutt'altro: dovrà non solo puntare dritto verso il porto di destinazione quando il tempo è sereno e ha tutte le correnti e i venti a favore, ma mantenere ostinatamente la rotta anche nel cuore della tempesta, perseverando pur se avvolta dalle nebbie della delusione e dalla foschia delle avversità.

Comincia tutto con un sogno

Cominciamo con un sogno, una visione del futuro. Nel sogno siamo ricchi, felici e magari perfino famosi. Tutti ambiscono a un futuro luminoso, ma, in molti casi, la storia finisce lì: rimane un sogno, appunto.

Anche le persone di successo hanno fatto sogni di questo tipo, ma li hanno tradotti in obiettivi e alla fine in realtà. I loro sogni, però, non erano vaghe speranze di riuscita, ma aspirazioni a realizzare qualcosa di ben definito, che loro hanno perseguito. Edison immaginava un mondo in cui l'energia elettrica avrebbe illuminato le notti; Bill Gates un sistema informatico che avrebbe consentito a chiunque, non solo alle grandi aziende, di sfruttare le incredibili potenzialità del computer; Beethoven una musica capace di elevare lo spirito ad altezze vertiginose. Tutti i grandi ingegni – attori, artisti, musicisti, scrittori – hanno iniziato sognando non solo la fama, ma anche il modo in cui avrebbero messo a frutto i propri talenti per conseguire i propri obiettivi.

Sognare non è un'esclusiva dei geni. Tutte le persone affermate testimoniano che il loro percorso ha avuto inizio con una speranza, un sogno. Quando qualcuno li interroga a proposito delle loro conquiste, dicono sempre che è iniziato tutto con un sogno... che ha portato a un obiettivo, il quale a sua volta ha portato a un piano d'azione e alla fine, quasi inevitabilmente, a raggiungere il traguardo.

Sognare non è neanche un'esclusiva dei giovani. Non è mai troppo tardi per accarezzare un sogno, che porterà a nuovi obiettivi, i quali condurranno a nuovi successi. È stupefacente pensare a quante grandi cose sia riuscito a realizzare chi ha coltivato un sogno in età avanzata. Benjamin Franklin aveva più di cinquant'anni quando si accostò allo studio della scienza e della filosofia. John Milton aveva più o meno la stessa età quando decise di completare, nonostante la cecità che l'aveva colpito, il suo poema epico *Paradiso perduto*.

I sogni non si lasciano intrappolare dai condizionamenti e dai pregiudizi dei tempi. Per secoli e secoli, alle donne è stato imposto di confinare le proprie ambizioni entro un ambito assai ristretto. I loro obiettivi professionali erano limitati a quelli che erano considerati "mestieri femminili". Occorrevano coraggio e determinazione anche solo per contemplare la possibilità di carriere diverse. Un esempio ce lo offre Elaine Pagels, docente a Princeton e autrice di saggi da migliaia di copie sullo gnosticismo e sul cristianesimo delle origini. Racconta di essere stata educata in un'epoca in cui si insegnava alle ragazze a non prendere nemmeno in considerazione l'idea di una vera e propria carriera, eppure lei non esitò a inseguire le proprie passioni, e solo più tardi scoprì che queste avrebbero potuto darle da vivere. Il suo sogno divenne il suo obiettivo.

Oggi, le barriere che un tempo precludevano alle donne tante possibilità di carriera sono cadute, almeno nella maggior parte dei campi professionali. Per esempio, in tantissime scuole di specializzazione (giuridiche, mediche ecc.) degli Stati Uniti, la metà o più degli studenti sono donne.

Nell'Ottocento, Frederick Douglass, nato in schiavitù, non si lasciò intimidire né dai pregiudizi razziali né dalla condizione di ex schiavo: imparò a leggere e scrivere e alla fine divenne un grande leader politico impegnato nella difesa del suo popolo. Un secolo dopo, Barack Obama ha sfondato la barriera della razza per diventare il primo presidente afroamericano degli Stati Uniti.

Perfino una mente brillante viene solo al secondo posto, rispetto alla forza di volontà: chi vacilla e tentenna verrà

“State davvero facendo il lavoro
che amate di più? Se la risposta è no,
cercate di rimediare.
Perché non conoscerete mai
un vero successo, se ciò che state facendo
non vi piace. E sappiate che molti
hanno dovuto intraprendere diversi tentativi,
prima di capire che cosa volessero
fare nella vita.”

Dale Carnegie

sempre spinto ai margini, nella gara della vita. Soltanto chi ha una volontà di ferro e una gran determinazione a non lasciarsi ostacolare è sicuro di farcela, grazie a una buona dose di grinta e perseveranza. I sogni diventano obiettivi e gli obiettivi diventano traguardi per coloro che lottano con la giusta risolutezza e caparbietà.

Tutto ciò che rende la nostra vita degna di essere vissuta, tutto quello che ci ha riscattato dalla fatica e ci ha elevato al di sopra di tanti aspetti squallidi e brutti – in breve, le più preziose conquiste della civiltà – lo dobbiamo a qualcuno che è stato un grande sognatore.

Trasformare i sogni in obiettivi

Sfortunatamente, come abbiamo detto, molti sognatori rimangono tali: nient'altro che dei sognatori. I loro sogni restano pure e semplici fantasie. Quando però riusciamo a trasformare le nostre aspirazioni in traguardi ben definiti, allora smettono di essere delle utopie e diventano una serie di obiettivi che fissiamo davanti a noi, come tappe della marcia che conduce al successo. Dobbiamo imprimere ai nostri sogni una direzione e infondervi una forte determinazione a fare tutto il possibile per trasformarli in realtà.

Una donna che aveva un sogno e ha saputo trasformarlo in un obiettivo realizzato è la stilista Rachel Roy. La sua passione per la moda era nata grazie ai film che guardava da bambina: gli abiti indossati dalle donne sullo schermo sembravano conferire alle attrici una magica aura di disinvoltura e successo. Rachel sognava di saper ricreare quell'aura per se stessa e le altre donne, grazie a un'eleganza raffinata capace di infondere un impulso positivo all'autostima.

Ogni anno Rachel andava con la famiglia ad acquistare gli abiti per la scuola, ma la infastidiva la mancanza di varietà nella scelta dei vestiti, per cui si convinse che, se ne avesse avuto l'opportunità, avrebbe ideato lei stessa uno stile molto più accattivante. La madre le spiegò che quello era compito del *buyer*. Ecco che adesso il suo sogno aveva un nome e un cognome: *buyer*. In quel momento il suo sogno si era trasformato nel suo *obiettivo*: diventare una *buyer* nel settore della moda.

Il suo primo lavoro fu quello di impiegata di magazzino, ma in breve riuscì a diventare viceresponsabile, poi personal shopper e infine consulente di moda in diversi empori e punti vendita: ben presto diventò una stilista a tutti gli effetti, con prospettive di diventare manager all'interno della compagnia.

Quando suo marito, Damon Dash, manifestò l'intenzione di mettersi in proprio per lanciare una linea di abbigliamento indipendente, Rachel si trovò di fronte a una decisione da prendere: continuare la sua brillante carriera o ricominciare da capo con Damon? Scelse la seconda opzione, ripartì da zero e si buttò a capofitto nel lavoro, ricoprendo ogni ruolo aziendale, tenendo sotto controllo un po' ogni cosa e immergendosi in ogni possibile aspetto del lavoro. Era decisa a rendersi indispensabile. Dopo circa sei anni, Rachel si sentì pronta a dirigere un'attività in proprio e creò un'azienda tutta sua. I suoi modelli sono stati ben accolti dalle aziende del settore e oggi Roy è considerata una delle stiliste più rinomate.

C'è un'enorme differenza tra i sognatori e i realizzatori. E Rachel Roy non si è limitata a sognare e fantasticare, ha saputo trasformare il suo sogno in un obiettivo e poi ha lavorato seriamente per realizzarlo.

L'abitudine di attendersi sempre il meglio – credere che il futuro ci riserverà cose buone, che il nostro avvenire sarà prospero e felice, che un giorno avremo una bella famiglia, una bella casa, una carriera brillante, e che insomma la nostra esistenza avrà un significato – rappresenta il migliore capitale su cui si possa contare, per iniziare a costruire la propria vita.

Se c'è qualcosa che ci sforziamo ostinatamente di esprimere, allora tenderemo anche a realizzarlo, per quanto possa sembrarci improbabile o perfino impossibile. Non dimentichiamo mai di manifestare la nostra aspirazione, visualizziamola con un'immagine vivida e impegniamoci a concretizzarla con tutte le nostre forze: solo così avremo più probabilità di vedere avverarsi nelle nostre vite le cose che desideriamo – che si tratti di uno stile di vita sano, di un carattere nobile o di una splendida carriera. È il sogno unito alla determinazione ferrea di realizzarlo che produce il potere creativo. Sono le aspirazioni, il desiderio e lo sforzo condiviso a produrre risultati.

Se vogliamo migliorarci sotto un qualsiasi aspetto, dobbiamo visualizzare la qualità desiderata nel modo più vivido e tenace possibile e vincolarci a un ideale superiore lungo tutto il percorso che ci condurrà al cambiamento. Dobbiamo tenerlo a mente con perseveranza finché non ci sentiremo pervasi dal suo slancio e vedremo che inizia a realizzarsi nella nostra vita. Siamo nati per vincere, per sconfiggere ostacoli e per vivere da trionfatori. Dovremmo tutti avere un grande successo nel lavoro che ci siamo scelti, nel rapporto con le persone e in tutti gli altri aspetti della vita.

Chi ci crede, la spunta

La prosperità inizia nella nostra testa, ma si rivelerà impossibile da ottenere, finché si coltiva una mentalità ostile. Lavorare per raggiungere un certo traguardo e intanto aspettarsi un esito del tutto diverso significa andare dritti verso la catastrofe, perché qualsiasi cosa ha origine prima di tutto nella nostra mente, e l'esito finale non potrà che somigliare a quello anticipato dai nostri pensieri. Non possiamo conquistare il benessere se in realtà pensiamo, con maggiore o minore convinzione, che resteremo poveri. Tendenzialmente, quello che otteniamo dipende dalle nostre aspettative, e se non ci aspettiamo niente non otterremo niente.

Se ogni passo che muoviamo imbocca subito la strada del fallimento, come possiamo sperare di raggiungere il traguardo del successo? Possiamo lavorare sodo quanto vogliamo, ma la nostra ostinazione a guardare sempre nella direzione opposta, verso lo scenario più nero e desolante, non potrà che rendere vani tutti i nostri sforzi.

I pensieri agiscono come calamite: finiscono per attirare ciò che è a loro più simile. Se i nostri pensieri ruotano sempre intorno a scenari di indigenza e malattia, porteranno indigenza e malattia. E non vi è alcuna possibilità di realizzare l'esatto contrario di ciò che abbiamo in mente, perché la nostra disposizione mentale è un modello, un progetto al quale la nostra esistenza si conforma. Tutte le nostre conquiste nel mondo reale vengono raggiunte prima di tutto a livello mentale.

Il terrore del fallimento, la paura di subire un danno economico o un'eventuale umiliazione impediscono a moltissime persone di ottenere proprio quello che più vorrebbero, svigorendo le loro energie vitali e rendendole incapaci – sopraffatte come sono da ansie e apprensioni – di agire con quella creatività ed efficienza, indispensabili per raggiungere il successo.

Per contro, l'abitudine ad adottare sempre la prospettiva più costruttiva, a guardare l'aspetto più luminoso e promettente di ogni situazione con sguardo sicuro e fiducioso anziché dare spazio a timori e incertezze; l'attitudine a credere che tutto andrà per il meglio e che non potrà che trionfare il bene; la certezza che alla fine la verità sconfiggerà l'errore, che la realtà è costituita dall'armonia e dalla salute ed è la loro assenza temporanea a determinare la discordia e la malattia: questa è la mentalità degli ottimisti, che alla fine trasformerà il mondo.

Preparare il terreno per il successo

Non possiamo aspettarci che siano gli altri a metterci sulla strada giusta per raggiungere il successo. Questo è un aspetto che dipende solo e soltanto da noi. Prima di scegliere quali saranno gli obiettivi che costituiranno le prime tappe di questo viaggio, è necessaria un'autovalutazione. Dobbiamo saper guardare a fondo dentro di noi per scoprire quello che vogliamo davvero dalla vita e per capire quali sono le risorse su cui possiamo contare per riuscire a ottenerlo.

Bisogna essere realistici. A volte saremo tentati di scegliere un obiettivo che ci sembra molto desiderabile, ma non è detto che possediamo davvero le capacità necessarie per raggiungerlo. Magari sogniamo di diventare una stella del cinema o un cantante lirico, ma se non abbiamo nessun talento per la recitazione o per il canto è chiaro che non andremo lontano. Oppure, il lavoro dei nostri sogni appartiene a un settore al quale non abbiamo alcuna possibilità di accedere. D'altra parte, magari possediamo attitudini e abilità di cui non siamo consapevoli che potrebbero aprirci le porte di una carriera redditizia e piena di soddisfazioni.

Come scoprirle? Occorrerà guardare a fondo dentro se stessi. Un'attenta e profonda analisi introspettiva ci darà la risposta. Arrivati all'età adulta, quasi tutti sappiamo già cosa siamo capaci o meno di fare, cosa amiamo e cosa no. Tuttavia, anche se non è sempre facile, un'analisi introspettiva ci consentirà di andare al di là della superficie e di riflettere in modo più approfondito su noi stessi.

Un buon esempio di quanto si è detto ce lo offre Shonda Rhimes, creatrice e produttrice esecutiva delle serie televisive *Grey's Anatomy* e *Private Practice*. Fin da bambina, Shonda era sicura di voler fare la scrittrice. Le piaceva tanto inventare storie e registrarle su nastro già molto prima di imparare a scrivere. E la mamma la incoraggiava facendole una trascrizione di questi nastri, così che si trasformassero in qualcosa di più reale.

Quello che dobbiamo fare è passare in rassegna in maniera sistematica la nostra storia: formazione scolastica, esperienze maturate, hobby e interessi. Cerchiamo di identificare gli ambiti della vita in cui abbiamo ottenuto i risultati migliori, quelli che ci hanno riservato più gioie e soddisfazioni: sono indici dei campi in cui avremo buone possibilità di successo in futuro. Ma questo non è che l'inizio. Guardiamo al di là di ciò che abbiamo ottenuto *finora* e pensiamo a ciò che possiamo realizzare *in futuro*.

Le persone di successo imparano fin dagli esordi a riconoscere i punti di forza su cui possono contare. Così anche noi dobbiamo fare l'inventario di tutte le possibili risorse e capacità a nostra disposizione. Non limitiamoci a guardare cosa abbiamo raggiunto fino a questo momento, ma anche cosa sappiamo di poter ancora realizzare. La maggior parte dei giovani comincia la propria carriera con una scarsa consapevolezza delle proprie abilità e dei propri talenti e di solito la acquisisce poco per volta, con l'andar del tempo.

Sono ancora troppi coloro che riescono a individuare soltanto una piccolissima parte delle proprie reali potenzialità, e che per questo rimangono a occupare posizioni di livello piuttosto modesto, senza veder crescere i propri guadagni in modo proporzionato alle loro reali capacità. Conducono esistenze mediocri, eppure posseggono risorse che, se solo riuscissero a scoprirle, potrebbero portarli a svolgere mansioni ben più qualificate.

Per qualche ragione, però, non entrano in contatto con un ambiente capace di stimolare la loro ambizione o con le idee e i mentori in grado di innescare l'enorme energia racchiusa nelle loro potenzialità nascoste.

Unità di intenti

Le persone di successo sono fermamente convinte che si debba dimostrare una dedizione totale al perseguimento dei propri obiettivi. Un impegno senza riserve racchiude un grande potere: quello di una determinazione intensa, ostinata, tenace, capace di bruciarsi tutti i ponti alle spalle e di spazzar via tutti gli ostacoli dalla propria strada per arrivare al traguardo, a prescindere da quanto tempo e sacrifici ci vogliano e dal prezzo da pagare.

Per raggiungere il successo bisogna concentrare tutte le nostre energie mentali su un unico, granitico scopo e avere la tenacia di chi si gioca il tutto per tutto, per la vittoria o per la disfatta. Ogni tentazione di assumere un atteggiamento diverso, più sfumato ed elastico, andrà soppressa.

Individuare mete realistiche è il primo passo verso il successo – sul lavoro, o in altre sfera della vita. Dopo di che, bisogna piantare nella nostra mente quei semi che ci aiuteranno ad aderire pienamente a quegli obiettivi, in modo da riuscire a realizzarli.

Stabilire traguardi

Peter M. sapeva da sempre di voler diventare ingegnere, e fin da piccolo la sua grande passione era la meccanica. A scuola era un asso in matematica e in tutte le materie scientifiche. Aveva le idee chiarissime sul lavoro che avrebbe fatto e aveva scelto di conseguenza i corsi di studio più adatti.

La maggior parte di noi non è così fortunata: da bambini abbiamo idee abbastanza vaghe su quel che ci piacerebbe fare da grandi, e spesso "ci troviamo" a svolgere una certa occupazione soprattutto per opera del caso. Ma non è mai troppo tardi per prefissarsi degli obiettivi – non solo per quanto riguarda lavoro e carriera, ma anche in altre sfere dell'esistenza.

Terminata l'università, Elvira S. aveva provato diversi lavori, ma sempre senza grande soddisfazione né successo. Si era laureata in marketing, ma il primo impiego che trovò in quel settore la annoiava da morire, così passò al settore delle vendite, ma si accorse che non faceva per lei e non riusciva a concludere granché. Infine fu assunta come assistente in uno studio legale e qui trovò finalmente un ambiente in grado di entusiasmarla e di far nascere in lei il desiderio di diventare avvocato.

A questo punto si propose un nuovo traguardo a lungo termine: diventare avvocato penalista. Innanzitutto chiese di poter diventare l'assistente del socio più anziano, il quale si occupava appunto di procedimenti penali, e iniziò a frequentare i corsi serali di giurisprudenza, e a breve conseguì il diploma di laurea. Il suo obiettivo successivo fu quello di trovare impiego presso l'ufficio del procuratore distrettuale per maturare l'esperienza necessaria ad avviare uno studio per conto proprio.

Linee guida per stabilire obiettivi efficaci

Per far sì che gli obiettivi non rimangano delle chimere, dovrebbero rispettare i requisiti che indichiamo di seguito:

Gli obiettivi devono essere formulati chiaramente. Esprimiamo in modo ben definito ciò che vogliamo realizzare. Indichiamo un obiettivo specifico e inequivocabile. Per esempio, dire "Intendo essere il miglior venditore dell'azienda" potrebbe sembrare perfetto, ma in realtà è meglio una formulazione più concreta: "Il mio intento è raggiungere un volume di vendite di tot dollari per il prossimo anno fiscale, e aumentarlo del 10 per cento ogni anno per i prossimi tre anni." A questo punto abbiamo una meta ben chiara e, anche a livello subconscio, la mente potrà aiutarci a convogliare energie verso il raggiungimento del risultato desiderato.

“ Se non abbiamo avuto successo
in un’impresa, non arrendiamoci;
proviamo qualcos’altro.
Abbiamo diverse frecce al nostro arco,
dobbiamo solo scoprire
qual è quella giusta. ”

Dale Carnegie

Gli obiettivi devono essere realistici. Se si scelgono obiettivi che non ci sarà mai possibile conseguire, l'intera operazione perde di senso. Per verificare che si tratti di traguardi realizzabili, proviamo a scomporre l'obiettivo di lungo termine in una serie di mete intermedie e più facili da raggiungere. Per esempio, un obiettivo a lungo termine può essere quello di riuscire a esporre i miei quadri presso una galleria prestigiosa entro tre anni. Gli obiettivi intermedi saranno: aver dipinto un certo numero di tele entro il dicembre dell'anno prossimo; allestire una mostra presso una galleria d'arte minore entro luglio dell'anno successivo e ottenere una recensione su una rivista d'arte entro dicembre dello stesso anno. Infine obiettivi a breve termine: completare un dipinto al mese, portare le mie opere in varie gallerie ogni mese per farle valutare dal proprietario.

Gli obiettivi devono essere significativi e stimolanti. Se ci proponiamo un traguardo troppo facile, è chiaro che non saremo motivati a lavorare oltre il minimo indispensabile. È meglio individuare obiettivi che ci stimolino a darci da fare, a progredire e a lavorare più del solito. Le persone ambiziose sanno che, non appena raggiunto un certo traguardo, dovranno subito prefiggersene uno nuovo, per sentirsi spronati a migliorare e a crescere ulteriormente.

Gli obiettivi devono potersi tradurre in azioni. I traguardi scelti devono essere concretizzabili attraverso azioni ben definite. Se non si prende atto di tutti i passi necessari a realizzarli, gli obiettivi resteranno nient'altro che castelli in aria. Le azioni esigono di attivarsi – mentalmente, fisicamente ed emotivamente. Dal punto di vista mentale, dobbiamo prepararci a pensare in ogni momento libero alle nostre aspirazioni e a quale iniziativa intraprendere per concretizzarle.

Gli obiettivi devono essere misurabili. Non tutti gli obiettivi sono quantificabili, ma alcuni si possono esprimere in termini finanziari o comunque utilizzando valori numerici. Per esempio, ci si può proporre di raggiungere un determinato volume di vendite mensile, trimestrale o annuale (espresso in unità di prodotto o in ammontare delle transazioni). Anche gli obiettivi di produzione si possono quantificare in termini di quote finali. Perfino gli obiettivi astratti, che di per sé non sarebbero quantificabili, a volte si possono calcolare in forma di dati misurabili. Un obiettivo complessivo si può, anche in questo caso, scomporre in una serie di fasi, da completare entro determinate scadenze; in questo modo potremo calcolare a che punto sia l'esecuzione di ciascuna fase e quindi adeguare il ritmo delle attività in modo da rispettare la tabella di marcia.

Gli obiettivi devono essere messi per iscritto. Per non perdere di vista o dimenticare i nostri obiettivi nel flusso frenetico del quotidiano, la soluzione migliore è scriverseli. Compiliamo una lista di obiettivi a lungo termine, poi scomponiamoli in obiettivi intermedi e a breve termine. Scriviamoli a caratteri cubitali e attacchiamoli nei punti in cui potremo averli sott'occhio tutti i giorni: sulla scrivania, sullo sportello del frigo, sullo specchio. Leggiamoli, impariamoli a memoria e domandiamoci ogni giorno: "Che cosa sto facendo per riuscire a realizzarli?"

Gli obiettivi devono essere flessibili. Certe volte, le circostanze cambiano in modo tale da invalidare lo scopo che ci si era prefissati. Per esempio, le condizioni economiche possono non essere più favorevoli per avviare una nuova attività; qualche innovazione tecnologica può aver reso obsoleto l'obiettivo; o magari si è compiuto qualche errore nella fase di ricerca e in realtà l'obiettivo non è realizzabile. Ciò non significa necessariamente che si debba rinunciare al proprio intento, potrebbe servire anche solo adottare una prospettiva diversa o procedere a uno studio più approfondito. Di fronte a una situazione del genere, analizziamo con cura il nuovo scenario e apportiamo gli assestamenti necessari.

Capita spesso di non riuscire a raggiungere i traguardi prefissati, ma non per questo dobbiamo scoraggiarci e arrenderci. Esaminiamo attentamente gli elementi nuovi intervenuti nel frattempo, valutiamo la situazione e apportiamo le modifiche richieste.

Hugh si aspettava di essere promosso al ruolo di responsabile del punto vendita, dopo aver dato prova di sé per due anni in qualità di vicedirettore. Invece non è accaduto. Anziché dare le dimissioni sull'onda della frustrazione, Hugh ha cercato di esaminare la situazione a mente fredda. Negli ultimi sei anni, la società aveva aperto da sei a dieci nuovi negozi all'anno, e lui aveva fondato le sue speranze di promozione sull'ipotesi che l'azienda avrebbe continuato a inaugurare lo stesso numero di negozi ogni anno. L'anno scorso, però, gli affari hanno registrato un calo e i nuovi punti vendita sono stati soltanto due. D'altra parte, quest'anno gli affari sono migliorati e Hugh sa che l'azienda sta prendendo in considerazione nuove aperture. Scegliendo di adattare il proprio obiettivo alle mutate circostanze, Hugh ha deciso di attendere la promozione ancora per un anno, e sembra molto probabile che questa volta non rimarrà deluso.

Gli obiettivi devono essere progressivi. Una volta raggiunta una meta, fissiamone subito un'altra che permetta di continuare a migliorare e crescere. Quando Ben iniziò il suo programma per rimettersi in forma, l'istruttore di nuoto gli disse che un obiettivo adatto poteva essere quello di completare trenta vasche in mezz'ora. Di fatto, non gli ci volle molto per tagliare questo traguardo. Molte altre persone della sua età – era vicino alla sessantina – si sarebbero accontentate di continuare a nuotare con quel ritmo, ma Ben calcolò che, nella piscina da venticinque metri in cui si allenava, trentasei vasche sarebbero equivalse a poco meno di un chilometro. Così, si mise subito all'opera per cercare di realizzare questo nuovo obiettivo.

Gli obiettivi devono essere comunicati anche agli altri. Moltissimi programmi di riduzione del peso suggeriscono ai partecipanti non solo di comunicare ai familiari quanti chili hanno intenzione di perdere, ma anche di tenerli costantemente informati sui progressi compiuti. Perché? Perché se condividiamo i nostri obiettivi con altre persone, queste potranno offrirci il loro sostegno per aiutarci a raggiungerli. E, quando saremo tentati di lasciar perdere, ci spingeranno a perseverare.

Da giovane, Karen aveva interrotto gli studi all'università per sposarsi. La coppia aveva deciso che lei avrebbe lavorato per mantenere entrambi mentre il marito completava gli studi. Dopo di che, Karen avrebbe ripreso a studiare e si sarebbe laureata anche lei... almeno, questo era il piano, ma la nascita dei bambini la costrinse a rimandare tutto. Ora che sono trascorsi dieci anni, Karen ha finalmente la possibilità di completare il suo corso di laurea. È evidente che gestire la casa, lavorare otto ore al giorno e per di più studiare la sera è tutt'altro che uno scherzo. E infatti ci sono momenti in cui pensa che il gioco non valga la candela. Ma siccome il marito, i figli e gli amici sanno bene quanto sia importante per lei questo traguardo, non smettono mai di sostenerla e incoraggiarla a proseguire.

Gli obiettivi devono essere monitorati per misurarne i progressi. Non tutti gli obiettivi si possono quantificare in modo da poterli misurare con facilità, ma quando è possibile, conviene stabilire precisi livelli di prestazione, con la relativa tabella di marcia. Quando non sono quantificabili bisognerà comunque individuare un metodo per misurare quanto ci si sta avvicinando al raggiungimento dello scopo.

Al momento di stabilire i propri obiettivi di vendita per quell'anno, Lee decise di aumentare dell'8 per cento i risultati ottenuti l'anno precedente; questo significava acquisire almeno quattro nuovi clienti o aumentare le vendite di quelli attuali. Suddivise questo obiettivo in traguardi mensili che fossero facilmente misurabili confrontando le sue vendite effettive. Così, se gli affari non avessero soddisfatto il traguardo mensile, avrebbe potuto prendere subito le misure necessarie a correggere il tiro.

Kathy, in qualità di direttrice delle risorse umane dell'azienda, non poteva prefissare dei traguardi quantificabili. Per soddisfare i propositi stabiliti, nei prossimi dodici mesi doveva avviare un nuovo programma di formazione per digitalizzare i documenti, presentare al management lo studio di un nuovo pacchetto di benefit aziendali e la progettazione di un sistema di valutazione del personale tecnico e amministrativo.

Suddivise ogni obiettivo in una serie di compiti intermedi e stabilì un calendario di lavoro per ciascuno di essi; in questo modo avrebbe potuto misurare quanto fosse vicina a completare ogni singola fase, regolando il ritmo delle proprie attività per assicurarsi di portarle tutte a termine entro la fine dell'anno.

Il processo di pianificazione

Un approccio sistematico alla scelta degli obiettivi per un determinato progetto dovrebbe essere articolato nelle fasi indicate di seguito:

- Fase 1: "Come dovrebbe essere". Si tratta di definire lo scopo più generale del progetto, un'immagine del risultato ultimo che vogliamo ottenere e dei benefici che esso riserverà anche ad altre persone. È bene esplicitarlo con chiarezza e concordarlo tra tutti: manager di livello superiore,

“ Tutti noi abbiamo potenzialità nascoste
che ci sono totalmente ignote.
Siamo capaci di imprese che ora
non riusciremmo
nemmeno a immaginare. ”

Dale Carnegie

la nostra squadra di collaboratori e noi stessi. Senza una chiara e accurata definizione di questo scopo più generale del progetto, la pianificazione delle attività si rivelerà un compito pressoché impossibile.

- Fase 2: "La situazione così com'è". Esaminiamo la situazione attuale. A che punto ci troviamo, al momento? Quali sono i fattori che possono ostacolare o favorire le azioni dirette a realizzare gli scopi più generali del progetto?

- Fase 3: Gli obiettivi. A questo punto siamo pronti a stabilire e fissare mete realistiche per portare a termine con successo lo scopo del progetto. Senza questo genere di obiettivi, andremmo alla deriva. Questi possono essere immediati, intermedi o a lungo termine. Conseguire delle mete quotidiane (immediate) ci consentirà di raggiungere, via via, traguardi intermedi o a lungo termine. Ricordiamo in breve gli elementi costitutivi di un obiettivo ben selezionato riassumibili nell'acrostico SMART:
  - *Specifico* per quanto riguarda il processo di realizzazione e risorse.
  - *Misurabile* con dati obiettivi.
  - *Accessibile*, nel senso di realizzabile e fattibile.
  - *Rilevante* per la nostra visione.
  - *Temporalmente* definito in base a una tabella di marcia e una scadenza finale.

- Fase 4: Le fasi dell'azione. Per raggiungere gli obiettivi occorre stabilire delle priorità e individuare i relativi passaggi operativi. Al fine di garantire il compimento dei traguardi, i passaggi operativi dovranno specificare:
  - i requisiti necessari a eseguire il lavoro;
  - chi svolgerà ciascuna mansione;
  - i metodi da utilizzare;

- l'esatto collegamento reciproco tra le diverse fasi del progetto e il modo in cui, nel loro insieme, contribuiranno a realizzare le finalità complessive;
- la modalità in cui si dovranno comunicare i risultati (relazione scritta, presentazione PowerPoint ecc.)

• Fase 5: I costi. Un ulteriore aspetto della pianificazione consiste nello stabilire un budget e nel calcolare il costo di ogni singola fase dell'azione. Tali costi comprendono le spese per il personale, le attrezzature, i materiali e qualsiasi altro esborso sia necessario a raggiungere lo scopo.

• Fase 6: La tabella di marcia. A questo punto occorre stabilire e comunicare il calendario delle scadenze, in modo che siano ben chiare a tutti e consentano di realizzare gli obiettivi immediati, intermedi e a lungo termine. Nel redigere le tabelle di marcia, dobbiamo essere realistici. Partiamo dal termine ultimo e procediamo all'indietro, per decidere entro quando dovrà essere completata ciascuna fase del progetto. Mettiamo la calendarizzazione per iscritto, in modo da evitare fraintendimenti.

• Fase 7: L'attuazione. Un aspetto molto importante, benché spesso trascurato, dell'attuazione di un piano consiste nell'accertarsi che tutte le persone coinvolte abbiano compreso bene il proprio ruolo nel processo di realizzazione degli obiettivi. È necessario stabilire l'impegno da dedicare ai risultati stabiliti. Questa fase andrà costantemente monitorata e, se necessario, si interverrà subito per modificare la portata complessiva del piano e rivedere i singoli traguardi.

• Fase 8: Controlli periodici. Una parte cruciale del processo di pianificazione consiste nel tenere registrazioni accurate, per cercare di capire le cause dei vari problemi che si sono verificati e poter prendere provvedimenti tempestivi per correggere eventuali criticità. Dedicare tempo e attenzione sufficienti a questi fattori è fondamentale, per riuscire a centrare il bersaglio.

Un'accurata procedura di selezione degli obiettivi ci permetterà di tenere costantemente presenti le finalità più generali, di misurare i progressi via via compiuti e di garantire che i traguardi più importanti, nel lavoro o in altri ambiti della nostra vita, vengano effettivamente raggiunti.

In conclusione

- Tutte le persone di successo riferiscono che il loro percorso ha avuto inizio con una speranza, un sogno, che ha portato a un obiettivo, che a sua volta ha portato a un piano d'azione e inevitabilmente a raggiungere lo scopo.
- Prima di decidere quali sono gli obiettivi che possono costituire le prime tappe di questo viaggio dobbiamo innanzitutto esaminare noi stessi. Guardiamoci dentro a fondo per scoprire che cosa desideriamo davvero dalla vita e per capire quali sono le risorse su cui contare per riuscire a ottenerlo.
- Sviluppare obiettivi ragionevoli e realistici è il primo passo verso il successo.
- Per stabilire obiettivi efficaci, controlliamo che rispettino il seguente decalogo:
  - gli obiettivi devono essere formulati chiaramente;
  - gli obiettivi devono essere realistici, ragionevoli e raggiungibili;
  - gli obiettivi devono essere significativi e stimolanti;
  - gli obiettivi devono potersi tradurre in azioni;
  - gli obiettivi devono essere misurabili;

- gli obiettivi devono essere messi per iscritto;
- gli obiettivi devono essere flessibili;
- gli obiettivi devono essere progressivi;
- gli obiettivi devono essere condivisi con altre persone che ci sostengono;
- gli obiettivi devono essere monitorati periodicamente per misurare i progressi compiuti.

4.
Trasmettere un'immagine positiva

Il vecchio detto che recita “l’abito non fa il monaco”, o l’altro che ammonisce “l’apparenza inganna” esprimono senz’altro una grande saggezza... Ma purtroppo è anche vero che tutti, di primo acchito, giudichiamo il “monaco” dal suo “abito” e, più in generale, le altre persone proprio in base alle apparenze, cioè al loro aspetto e al loro comportamento così come li percepiamo al primo incontro. Col risultato che, spesso, ci facciamo un’idea su un individuo nel primo mezzo minuto di conoscenza.

Queste impressioni iniziali saranno molto difficili da rettificare, in seguito. Se al primo incontro si produce un’impressione negativa o poco convincente, questa percezione potrebbe influire sui futuri rapporti con l’altra persona anche per diversi anni. Ci vogliono un po’ di attenzione e d’impegno per produrre sugli altri un’impressione positiva, ma vale senza dubbio la pena di imparare quest’arte.

Creare un'immagine di successo

Quando incontriamo persone che hanno ottenuto molte vittorie, spesso restiamo colpiti dalla loro gradevole “personalità”. L’idea di sé che comunicano agli altri ci ispira fiducia, desta la nostra ammirazione e ci fa sentire immediatamente a nostro agio con loro. Allo stesso modo, a volte capita di conoscere persone che troviamo subito sgradevoli, che trasmettono uno spiacevole ritratto di sé.

La nostra immagine – o la nostra "personalità", come direbbero alcuni – è il modo in cui ci presentiamo al mondo esterno. Non solo siamo animali sociali, che amano entrare in contatto con altre persone, ma abbiamo anche una propensione innata a farci notare – favorevolmente, s'intende. L'apparire attraenti dipende in gran parte dal buon garbo e dalle belle maniere. Anche il tatto è una qualità importantissima – anzi forse la principale, subito dopo la buona educazione. Si tratta dunque di sapere esattamente come sia più opportuno agire, e di essere in grado di fare la cosa giusta al momento giusto. Ma se si vuol dare una buona immagine di sé sono indispensabili anche doti di discernimento e buon senso.

In effetti, uno degli investimenti più utili cui si possa pensare è proprio tutto ciò che aiuta a coltivare eleganza di modi, cordialità verso gli altri e generosità d'animo – la squisita arte di piacere. È una dote infinitamente più preziosa del denaro o di un buon patrimonio, perché una persona solare e piacevole vedrà spalancarsi davanti a sé tutte le porte. Chi possiede questo talento, infatti, non è semplicemente ben accolto: è proprio attivamente ricercato dagli altri, ovunque vada e in qualunque ambiente si muova.

Alcuni tratti di personalità si possono apprendere

Fermo restando che tutti gli esseri umani godono di eguali diritti e opportunità, va riconosciuto che non tutti possediamo la stessa intelligenza, forza fisica ed energia; eppure, ognuno può migliorare la propria posizione impegnandosi per istruirsi, perfezionarsi e sviluppare le proprie capacità. I più disposti a imparare e i più ambiziosi, com'è naturale, riusciranno a progredire più velocemente. Abbiamo la facoltà di decidere di acquisire quei tratti di personalità che riteniamo più desiderabili, e di lavorare su noi stessi per coltivarli. Tutto sta nell'impegnarsi a fondo, con la dovuta applicazione.

È importante ricordarsi che un'immagine piacevole e affabile è qualcosa che si può sviluppare. Anche se alcuni degli elementi che contribuiscono alla nostra immagine sono innati – aspetto fisico, intelligenza di base e determinati talenti –, ognuno di noi ha la possibilità di imparare a sfruttare nel modo migliore le proprie qualità naturali, sviluppandole in modo da acquisire un'immagine che attiri rispetto e ammirazione.

Non è così facile diventare la persona che si desidera essere, ma tutto parte da un intenso desiderio e da un deciso impegno a dimostrarsi più socievoli, allegri, ottimisti e positivi – qualità che ci attireranno le simpatie di tutti coloro che incontreremo.

L'importanza di un atteggiamento solare

Se non abbiamo una mente libera da amarezza e malizia, se non sappiamo accogliere ogni nuovo giorno come una benedizione da apprezzare e assaporare fino in fondo, allora non potremo che avere una vita infelice e tutto sommato sterile.

Ci sono persone capaci di nutrire per anni un odio rancoroso o una feroce invidia nei confronti di qualcun altro. Sebbene non ne siano sempre consapevoli, un'attitudine mentale del genere non permetterà mai a chi la coltiva di sviluppare pienamente le proprie capacità e anzi potrà solo distruggerne la felicità. Ma non basta: così facendo, questi soggetti diffondono intorno a sé un'atmosfera sgradevole e suscitano l'ostilità di chi li circonda, facendosi dei nemici e danneggiandosi sotto tutti gli aspetti.

È necessario quindi mantenere la mente libera da qualsiasi traccia di rancore, invidia, odio, gelosia, e ogni altro sentimento ostile; libera insomma da qualsiasi peso che possa inibirla. Altrimenti ne dovremo pagare lo scotto sotto forma di una minore efficienza e di una peggiore qualità del nostro lavoro... oltre ad aver perso la nostra serenità interiore.

Non è possibile lavorare al meglio delle proprie capacità mentre si nutrono sentimenti ostili o addirittura vendicativi verso qualcun altro; le nostre facoltà riescono a funzionare in maniera ottimale soltanto in un clima di perfetta armonia. Se non proviamo sentimenti benevoli, non ci sarà possibile concludere nulla di buono, né con le mani né con il cuore. Rancori, rivalse e gelosie sono veri e propri veleni, in grado di uccidere tutte le nostre qualità migliori proprio come l'arsenico ucciderebbe il corpo.

Un atteggiamento cortese e ben disposto verso gli altri sarà la nostra miglior difesa contro astio, malanimi e ogni altro genere di impulsi deleteri: ci permetterà di condurre una vita serena ed equilibrata, scongiurerà il rischio di discordie e ci aiuterà a mantenere rapporti armoniosi con gli altri.

Non è possibile covare rancori, invidie, gelosie o sentimenti di rivalsa senza compromettere gravemente la nostra stessa reputazione. Molti si domandano perché siano così poco apprezzati, perché gli altri li tengano a distanza, come mai la loro voce sia così poco ascoltata nella comunità, quando in realtà dipende solo dal loro atteggiamento risentito, vendicativo e ostile che annulla il loro magnetismo personale.

Se invece sapremo coltivare una mentalità benevola, affettuosa, disponibile e comprensiva, se sapremo mostrarci affabili verso tutti senza covare odio, rancore o gelosia, allora sì che potremo dare di noi un'immagine attraente, positiva e solare.

Chi riesce a sorridere di fronte alle difficoltà possiede un immenso vantaggio rispetto a chi, invece, si perde d'animo al primo ostacolo. Chi sa sorridere quando tutto sembra metterglisi contro apparirà sempre a tutti come qualcuno che ha la stoffa dei vincenti.

“

Un ardente entusiasmo,
sostenuto da buon senso
e perseveranza,
è la qualità che più spesso
porta al successo.

”

Dale Carnegie

Alla prima occhiata...

Quando facciamo conoscenza con qualcuno, il primo elemento a colpire la loro attenzione è il nostro aspetto esteriore, che influisce quindi in modo sostanziale sulla percezione che avranno di noi. Alcuni fattori che potrebbero comunicare un'impressione positiva o negativa restano al di fuori del nostro controllo: non possiamo cambiare i tratti e la struttura del nostro fisico, però possiamo fare in modo di valorizzare le nostre qualità e cercare di mascherare quelli che potrebbero essere considerati dei difetti. In ogni caso, non è necessario essere fascinosi come una star del cinema per riuscire a fare una buona impressione sugli altri.

I dieci secondi cruciali

Ogni volta che incontriamo una persona nuova, non le ci vorranno più di dieci secondi per crearsi un elenco di impressioni, convinzioni o supposizioni su chi siamo e che cosa può aspettarsi da noi. Queste idee sono di gran lunga più importanti della nostra messa in piega o di quanto abbiamo pagato i vestiti che indossiamo e contribuiscono a creare un nostro quadro praticamente completo: la gente immagina il nostro livello d'istruzione, la nostra situazione finanziaria, il nostro successo professionale, fino ad aspetti molto meno evidenti, come l'onestà e la buona fede. Tali convinzioni si formano, almeno a livello subconscio, nei primi dieci secondi dell'incontro.

Immagine esteriore

Per immagine esteriore si intende tutto ciò che gli altri vedono di noi fin dal primo momento. Può rivelarsi una chiave d'accesso che ci apre tutte le porte... oppure una barriera che ci impedirà di entrare. Tutti i venditori conoscono bene la frustrazione di non riuscire a incontrare un potenziale cliente perché risulta impossibile superare il cosiddetto "filtro" – che può essere un addetto alla reception, un segretario o un altro dipendente che abbia il compito di filtrare visite e chiamate non desiderate. In un certo senso, possiamo dire che la prima impressione che gli altri hanno di noi è il "filtro" più potente di tutti, perché molto spesso è il fattore decisivo che determina se quella persona ci "aprirà le porte" o meno, in senso letterale oltre che figurato.

Il grosso degli indizi forniti dalla nostra immagine esteriore è di tipo visivo. Le ricerche rivelano che gli impulsi visivi vengono trasmessi direttamente al centro emozionale del cervello superando i normali sistemi di incanalamento e innescando reazioni pressoché istantanee.

Un aspetto curato, un abbigliamento adeguato, un sorriso gradevole e maniere educate sono i primi requisiti per fare buona impressione. Possiamo aumentare le nostre chance di successo scegliendo un abbigliamento che sappia comunicare messaggi positivi su di noi e sulle nostre capacità. Oggi è sempre più diffusa l'abitudine di vestirsi in modo non troppo formale anche al lavoro, non esiste più un abbigliamento professionale prestabilito: converrà quindi informarsi per capire che genere di stile sia da considerarsi corretto nel settore, nella zona e nell'ambiente culturale che più c'interessa.

Il giorno prima di sostenere il colloquio presso l'agenzia pubblicitaria ABC, Phyllis visitò l'atrio dell'azienda per vedere come fossero vestite le signore che vi lavoravano. Osservò che, a differenza delle colleghe della banca in cui era impiegata in precedenza, quasi tutte indossavano camicette morbide abbinate a gonne o pantaloni, anziché abiti interi e tailleur. Così, il giorno del colloquio, si presentò vestita secondo questi nuovi standard. Se avesse scelto un abbigliamento come quello che usava in banca, avrebbe dato subito l'impressione di non essere adatta all'ambiente della pubblicità. Per contro, se avesse cercato lavoro presso un altro istituto di credito, quello stile più informale l'avrebbe di sicuro penalizzata.

Interessarsi agli altri

Aspetto esteriore e personalità sono solo il primo passo, per creare e mantenere l'immagine positiva che intendiamo trasmettere agli altri. Dobbiamo svilupparla, per usare l'espressione di Dale Carnegie, "interessandoci agli altri con sincerità".

Se fin dai primi istanti avremo cura di dimostrare un autentico interesse verso chi ci sta di fronte, questa semplice accortezza contribuirà più di qualsiasi altra cosa a stabilire un buon rapporto con quella persona. Dovremo per esempio fare lo sforzo di capire e ricordare bene il suo nome, e usarlo di tanto in tanto mentre le parliamo.

In un contesto professionale, ascoltiamo con estrema attenzione il problema o la situazione di cui l'interlocutore è venuto a parlarci, e poniamo domande che manifestino il nostro sincero coinvolgimento. Se invece ci troviamo in un contesto informale, dimostriamoci realmente interessati alle domande e ai commenti della persona con cui stiamo dialogando.

Alfred Adler, il celebre psichiatra di Vienna, nel suo libro *Il senso della vita* (Newton Compton, Roma 2012) scriveva che l'individuo che non s'interessa agli altri è quello che incontra più difficoltà nel corso dell'esistenza e che procura più danno al prossimo. E sono questi gli individui che falliscono nei loro intenti.

Tra le caratteristiche che facevano di Theodore Roosevelt uno degli uomini più apprezzati del suo tempo vi era, in particolare, il sincero interesse che egli sapeva dimostrare a chiunque incontrasse. Aveva l'abitudine di intrattenersi anche con le persone

“Ricordate che la persona
con la quale state parlando è cento volte
più interessata a se stessa, ai bisogni
e ai problemi che la riguardano
in prima persona, di quanto lo sia a voi
e ai vostri problemi.”

Dale Carnegie

più umili, informandosi cortesemente delle loro famiglie e ascoltando ciò che avevano da dire o da proporre. Si prendeva il tempo necessario per fare conoscenza con tutti i membri del personale della Casa Bianca, e perfino a diversi anni dal termine del mandato, ogni volta che vi si recava in visita era in grado di salutare ciascuno per nome e di parlare di un qualche interesse che avessero manifestato in passato, oppure di menzionare un qualche servizio che gli avevano reso all'epoca della presidenza. Chi non avrebbe amato un uomo del genere?

Se volete farvi nuovi amici, innanzitutto salutate queste persone con vivacità ed entusiasmo. Quando qualcuno vi telefona, dite "Pronto" con un tono che comunichi quanto vi fa piacere ricevere quella chiamata. Dimostrare un genuino interesse verso gli altri non solo vi aiuterà a stringere nuove amicizie, ma contribuirà anche a rafforzare la fedeltà dei clienti verso la vostra azienda.

Di Daniel Webster, il grande oratore e statista, si diceva che avesse il dono di conquistare l'immediata fiducia di chiunque incontrasse. E, quando si chiedeva al pubblico come mai egli suscitasse reazioni tanto favorevoli, le persone rispondevano che, diversamente da tanti altri politici, lui ascoltava quello che ciascuno di loro aveva da dire, anziché parlare di se stesso.

Dimostriamo empatia. Una persona empatica sa mettersi nei panni del suo interlocutore. Non solo ascolta ciò che l'altro dice, ma lo percepisce anche a livello emotivo, ed è in grado di condividere le emozioni che questi sta provando mentre parla.

La prima impressione al telefono

Spesso il primo contatto che stabiliamo con qualcuno avviene per telefono, e le nostre future relazioni con quella persona possono dipendere in larga misura dall'impressione che le avremo trasmesso nel corso di quella prima conversazione telefonica.

Jennifer era furibonda. La nuova lavatrice, acquistata non più di un mese prima, si era già guastata; così chiamò il negozio per chiedere di parlare con il direttore. Dopo sei squilli, rispose un messaggio registrato:

"Elettrodomestici Jones, si prega di attendere."

Aspettò all'infinito, le sembrò fosse passato un secolo e proprio quando stava per riattaccare e rifare il numero, finalmente il centralinista rispose:

"Elettrodomestici Jones, come posso aiutarla?"

"Potrei parlare con il direttore, per favore?"

"Di che cosa ha bisogno?"

"Ho comprato da voi una lavatrice il mese scorso e adesso si è rotta."

"Non serve che parli con il direttore, le passo l'assistenza."

Dopo un'altra lunga attesa, finalmente le rispose l'addetto all'assistenza. Mentre Jennifer stava spiegando l'accaduto, lui la interruppe: "Mi dispiace, non posso aiutarla. Deve rivolgersi all'azienda produttrice, troverà i recapiti sulla garanzia." E senza nemmeno attendere una risposta, riagganciò.

Bene... Ora, pensate che Jennifer acquisterà mai più qualcosa in quel negozio?

Per fare una buona impressione su chi chiama, per prima cosa bisogna rispondere velocemente al telefono, dopo pochi squilli. Se sappiamo che dovrà rimanere in attesa, non importa se brevemente o meno, informiamolo sui tempi previsti, e diciamogli che se preferisce saremo lieti di richiamarlo. Nel caso voglia aspettare in linea, a un certo punto facciamolo avvisare da qualcuno che siamo ancora impegnati, in modo che possa decidere se attendere ulteriormente o farsi richiamare.

Quando ascoltiamo l'interlocutore, lasciamo che finisca di spiegare il motivo della chiamata. Non interrompiamolo. Se non possiamo aiutarlo, almeno forniamo all'altra persona tutte le informazioni che le occorrono per ottenere il servizio di cui ha bisogno.

Gary esaminò rapidamente la stanza. Quell'ufficio era frenetico, poco ma sicuro. Gente che correva avanti e indietro tutta affannata; scrivanie sommerse da una massa di carte e documenti; telefoni che squillavano senza che nessuno si curasse di rispondere. La prima parola che gli venne in mente fu "caos". Cominciava ad avere non poche riserve sulla possibilità di stringere rapporti d'affari con quella ditta. Quando alla fine arrivò il rappresentante dell'azienda con cui aveva appuntamento, quella prima impressione negativa l'aveva ormai portato a una decisione sfavorevole...

Chissà, magari l'azienda in cui Gary si era recato sarà anche stata molto competente e avrebbe potuto soddisfare benissimo le sue esigenze. Ma aveva trascurato tanti piccoli dettagli che, sebbene possano sembrare irrilevanti, in realtà comunicano ai visitatori un'impressione duratura. E così, tutti i rapporti che seguirono ne restarono irrimediabilmente compromessi.

Quando riceviamo visitatori in azienda, che si tratti di clienti, addetti di banca, candidati a un posto di lavoro o funzionari amministrativi, va ricordato che l'impressione comunicata dal primo impatto visivo avrà una profonda influenza sull'idea che queste persone si faranno di noi.

Beninteso, nessuno pretende che un'officina meccanica sia linda e immacolata come uno studio medico, ma dovrebbe perlomeno essere pulita quanto altre officine.

Per questo è opportuno verificare periodicamente che i nostri ambienti di lavoro siano ben tenuti, puliti e in ordine, che tutti gli attrezzi e i materiali vengano rimessi al loro posto dopo l'utilizzo, che le scrivanie non trabocchino di carte alla rinfusa... in breve, che regni nel complesso un'atmosfera di rigore professionale.

La prima impressione nelle comunicazioni scritte

Quando Warren aveva frequentato un seminario sulla gestione del tempo, gli avevano spiegato che era possibile abbreviare, e di molto, il tempo dedicato alla redazione delle lettere d'affari: bastava buttar giù una risposta sintetica in calce alla lettera ricevuta, e inviarla subito per e-mail al mittente. Warren mise subito in pratica l'idea. Non c'è dubbio che risparmiò tempo, ma ben presto si accorse che così facendo l'immagine della sua azienda cominciava a risentirne. Parlando con un potenziale cliente con il quale aveva utilizzato il metodo consigliato dal seminario, apprese che aveva deciso di non entrare in affari con la sua compagnia perché considerava la risposta alla sua richiesta di informazioni "poco professionale".

Con le comunicazioni scritte presentiamo al pubblico la nostra immagine. La carta intestata dovrebbe essere concepita in modo da comunicare esattamente l'immagine che vogliamo offrire. Errori di ortografia o refusi possono dare l'impressione di superficialità o inefficienza. I lettori più istruiti si accorgeranno senza alcuna difficoltà di una scelta lessicale sbrigativa o di un uso improprio della grammatica. Perciò, è sempre bene rileggere con cura i messaggi prima di inviarli via e-mail, e verificare che siano privi di errori.

La comunicazione non verbale

Certi comportamenti automatici che adottiamo senza neppure accorgercene si possono correggere e migliorare in modo che trasmettano ai nostri interlocutori un messaggio più positivo su noi stessi. Questi elementi superficiali, infatti, hanno in realtà un'enorme influenza sull'immagine che comunichiamo agli altri.

Il sociolinguista Albert Mehrabian, che ha condotto studi approfonditi sulla comunicazione faccia a faccia, ha concluso che le parole che effettivamente pronunciamo veicolano appena il 7 per cento del messaggio recepito da chi ascolta: il 38 per cento del significato viene invece trasmesso attraverso gli aspetti prosodici – tono della voce, pause, intensità, volume ecc. –, mentre una percentuale sorprendentemente alta, il 55 per cento, viene comunicata attraverso quel complesso di segnali visivi che definiamo "linguaggio del corpo".

I celebri dibattiti elettorali per la presidenza tra il giovane John F. Kennedy e il più anziano ed esperto Richard Nixon sono un classico esempio di quanto si è detto. Chi li aveva seguiti alla radio, ricevendo ovviamente solo la parte verbale del messaggio, aveva avuto la sensazione che il più efficace fosse stato Nixon, ma i milioni di telespettatori che li avevano seguiti alla TV, apprezzando anche le componenti non verbali, avevano avuto l'impressione opposta. Nixon, con le espressioni del volto, il modo di muovere le mani e il sudore che lo pervadeva, aveva comunicato ai telespettatori un'impressione tutto sommato negativa.

Portamento

Essendo una caratteristica ben evidente anche da lontano, il nostro portamento suscita in chi lo osserva reazioni istantanee e inconsapevoli; invia un messaggio molto meno sfumato di altri segnali non verbali, perché coinvolge il nostro corpo per intero. Varie ricerche dimostrano che un buon portamento viene immediatamente collegato a livelli più alti di popolarità, fiducia in se stessi, ambizione, socievolezza e intelligenza, diversamente da quanto accade a chi ha un'impostazione più rilassata.

Assumere una postura migliore all'inizio potrà sembrarci innaturale e forzato. Ma conviene insistere: osservando chi tiene la schiena dritta, le spalle aperte e le gambe ben salde e bilanciate, noteremo come questo li faccia apparire immediatamente persone affidabili e autorevoli. Pensiamo solo che, ben presto, anche noi riusciremo a trasmettere questa stessa impressione favorevole.

Usare la testa

La posizione del capo e le espressioni del volto hanno un ruolo molto importante nella comunicazione non verbale. Per dare agli altri la migliore impressione possibile, in generale conviene "andare a testa alta".

Tra tutte le espressioni facciali, il sorriso è senza dubbio quella più efficace e attraente. Addirittura, se sorridiamo aumentano le probabilità che gli altri siano più disposti ad accogliere le nostre idee e punti di vista, e quando lo facciamo quasi sempre veniamo ricambiati, ed è qualcosa di più di un riflesso automatico: è l'effetto dell'improvvisa ondata di benessere e simpatia che il nostro sorriso riesce a generare.

Un'espressione forzata o insincera sarà solo controproducente: piuttosto, molto meglio non sorridere affatto. Un sorriso credibile invece è quello che coinvolge tutto il volto e si manifesta spontaneamente quando lo scambio in cui siamo coinvolti genera un pensiero positivo.

Guardarsi negli occhi

Un contatto visivo efficace comunica sicurezza in se stessi, onestà e interesse per l'interlocutore, mentre la sua mancanza è di solito interpretata come segno di timore, disonestà, ostilità o pura e semplice noia.

Alcune ricerche dimostrano che durante i colloqui di lavoro i candidati tenderanno a dare risposte più sincere e complete, se l'intervistatore li guarda negli occhi; anche in ambito scolastico, la comprensione della materia e ciò che gli studenti ricordano sono direttamente collegati al contatto visivo stabilito dall'insegnante.

Stretta di mano

In America e in Europa, stringersi la mano è una parte significativa del piccolo rituale che va in scena quando ci presentiamo a una persona nuova. Una stretta di mano efficace trasmette agli altri un segnale inconscio ma fondamentale riguardo al nostro livello di autostima, energia ed entusiasmo. Inoltre, questo gesto contribuisce a stabilire un contatto personale che favorirà un atteggiamento più disponibile e sincero da parte del nostro interlocutore.

Feedback

Probabilmente, l'aspetto più complicato della gestione della nostra immagine esterna è rappresentato dalla difficoltà di riuscire a vederci come ci vedono gli altri: alcuni studi in proposito indicano che spesso tendiamo a giudicare noi stessi molto più severamente di quanto facciano le altre persone, ma allo stesso tempo potremmo non accorgerci affatto dei comportamenti sbagliati che dovremmo in realtà correggere.

Tra i vari modi per avere un'idea chiara della nostra immagine esterna possiamo citare i seguenti:

- Visionare e ascoltare registrazioni dei nostri interventi durante le riunioni.
- Provare i nostri discorsi di fronte a uno specchio.
- Chiedere a un collega fidato di dirci la sua opinione e di darci qualche consiglio.

- Monitorare attentamente le reazioni degli ascoltatori – soprattutto le persone che più desideriamo convincere o influenzare.

Come costruirci un'immagine autorevole

Nel descrivere qualcuno che ha l'aspetto di un vero manager, quasi sempre ne parliamo come di una persona dotata di indiscussa credibilità; gli altri possono contare sul fatto che, se dice che agirà in un certo modo, poi lo farà davvero – e lo farà allo scopo di produrre un risultato positivo.

Quando decidiamo di adottare un nuovo comportamento e poi restiamo fedeli all'impegno, edifichiamo la nostra personale credibilità agli occhi del giudice più importante: noi stessi. Così facendo infatti dimostriamo di possedere le qualità necessarie per vincere le nostre resistenze e produrre un cambiamento nella nostra vita.

L'impostazione mentale è intimamente legata all'azione. È praticamente impossibile modificare una di queste dimensioni senza che si trasformi anche l'altra. Certo, sulla strada non troveremo facili scorciatoie né soluzioni istantanee, ma ogni volta che riusciremo a intraprendere un'azione efficace, di fatto avremo perfezionato anche la nostra adesione a una convincente immagine di leader.

Un metodo che può aiutarci a perseguire i nostri obiettivi è il seguente: individuiamo un traguardo professionale importante, al quale teniamo in modo particolare – magari una meta che finora avevamo rimandato, o che esitavamo ad affrontare. Poi compiamo un primo passo, anche piccolo, che conduca appunto in quella direzione. Dopo di che, esaminiamo ciò che abbiamo fatto e se abbiamo condotto a termine con successo questa prima, piccola iniziativa. Se la risposta è sì, allora scegliamo un altro passo da intraprendere,

“

Invece di preoccuparci
di ciò che la gente dice di noi,
proviamo a utilizzare il nostro tempo
per realizzare qualcosa che susciti
la loro ammirazione.

”

Dale Carnegie

e proseguiamo allo stesso modo fino a raggiungere i traguardi desiderati – e l'immagine positiva che ne consegue.

Naturalmente, alcuni dei difetti che ci riconosciamo dovranno essere corretti, anziché semplicemente accettati. Identificare e rettificare le idee sbagliate che non ci permettono di vedere le nostre carenze per quello che sono ci permetterà di liberare energie, che potremo impiegare per rafforzare i nostri punti deboli.

Nella sua autobiografia, Benjamin Franklin descrive i numerosi, e vani, sforzi intrapresi negli anni per liberarsi di una serie di comportamenti negativi. Ma a un certo punto scoprì che in realtà poteva farcela, a patto di concentrarsi su un unico difetto alla volta, finché non lo avesse del tutto eliminato dalle proprie abitudini; dopo di che, ma solo allora, avrebbe potuto cercare di correggere un'altra delle sue pecche.

L'immagine interiore

Cercare di crearsi un'immagine positiva agli occhi degli altri senza poterla fondare su una solida coscienza di sé e un'adeguata fiducia in se stessi sarebbe un po' come mettere un cerotto su una lesione che richiede una terapia antibiotica. Significherebbe cioè illudersi di risolvere un sintomo superficiale senza averne prima curato le cause profonde.

L'efficacia nei rapporti interpersonali dipende dalla capacità di aprirsi agli altri; però, farlo ci sembrerà decisamente troppo rischioso, se noi per primi non riusciamo a stare bene con noi stessi. Non possiamo offrire agli altri l'accoglienza e il senso di accettazione di cui pure hanno un intenso bisogno, se non siamo capaci di offrirli innanzitutto a noi stessi.

Sarà capitato di sentirci dare questo consiglio: "Fa' solo finta, finché non ti viene spontaneo." Certo può essere una buona strategia nel breve termine, quando ci troviamo a gestire per la prima volta una situazione nuova e avvertiamo, per quanto sicuri del nostro talento, l'inevitabile panico del debuttante. In questi casi, si prende il classico respiro profondo e ci si butta. E, proprio come quando ci tuffiamo in piscina, ecco che le nostre capacità ed energie si attivano per riportarci subito a galla.

Tuttavia, a meno che non si abbia un'opinione di sé a prova di bomba, non è proprio possibile "ingannare tutti, e tutte le volte". Allora perché provarci? Piuttosto, investiamo tempo e impegno per sviluppare, o recuperare, un forte senso del nostro personale valore e delle nostre capacità.

Esistono molti modi diversi di alimentare questa fondamentale sicurezza individuale. Uno strumento efficace per corroborare la fiducia in se stessi consiste nel riflettere su quanto di buono si è riusciti a realizzare in passato.

Un metodo per farlo può essere quello di tenere un Inventario dei successi, come illustrato nel capitolo 1. Ritornare sulle vittorie riportate finora è un sistema infallibile per rafforzare l'immagine di sé.

La capacità di mantenere un atteggiamento positivo è fondamentale sempre, se si vuole trasmettere un'immagine di leadership, ma è ancora più cruciale quando si tratta della considerazione che abbiamo di noi stessi.

Molti di noi – anche le persone che in apparenza hanno più successo – si trascinano dietro un pesante bagaglio di giudizi negativi a proposito di sé. Magari si tratta di giudizi che sono stati espressi da genitori, insegnanti, manager o colleghi di lavoro, o chissà, forse anche da loro stessi... L'importante, però, è sapere che in realtà noi possiamo cambiare di segno questi giudizi e scegliere, consapevolmente, di volgerli in positivo.

Vedremo, nel capitolo 6, come sconfiggere gli atteggiamenti negativi e conservare una positiva immagine di sé.

Ci sarà possibile assumere il controllo dell'idea che trasmettiamo agli altri solo se sapremo conquistare, ai nostri stessi occhi, una buona considerazione su di noi, che si trasferirà all'esterno. Il tempo e l'impegno dedicati ad acquisire un'immagine positiva, cordiale e disponibile ci insegneranno ad accettare gli altri e a consolidare i nostri rapporti con il prossimo, sia sul lavoro sia nella vita sociale.

In conclusione

- La prima impressione che gli altri ricevono di noi è il "filtro" più potente di tutti, perché molto spesso è il fattore decisivo che determina se quella persona ci "aprirà le porte" o meno, in senso letterale oltre che figurato.
- Uno degli investimenti più fruttuosi cui si possa pensare è tutto ciò che aiuta a coltivare eleganza di modi, cordialità verso gli altri e generosità d'animo – in una parola, la squisita arte di riuscire graditi.
- Per fare una buona impressione su chi ci chiama al telefono, bisogna rispondere velocemente, dopo pochi squilli. Quando ascoltiamo l'interlocutore, lasciamo che finisca di spiegare il motivo della chiamata. Non interrompiamolo. Se non possiamo aiutarlo, almeno diamo più informazioni possibili affinché riesca a ottenere l'aiuto di cui ha bisogno.
- Proviamo a guardare la nostra sede di lavoro con gli occhi di un estraneo. Facciamo in modo che gli ambienti in cui lavoriamo trasmettano un'immagine complessiva di professionalità.
- La corrispondenza è anche l'immagine che ci rappresenta agli occhi del pubblico. Eventuali errori di ortografia o di battitura possono essere interpretati come segnali di inefficienza o approssimazione. È importante rileggere sempre con cura tutti i messaggi prima di inviarli via e-mail, e verificare che siano privi di errori.
- Cerchiamo di guardarci come ci vedono gli estranei. Sforziamoci di individuare e correggere eventuali difetti o comportamenti inadeguati.

- Se non si ha una mente libera da rancori e malignità, se non si è capaci di guardare a ogni nuovo giorno come a una benedizione da gustare e assaporare fino in fondo, allora non si potrà che avere una vita infelice e tutto sommato sterile.
- Per aumentare la considerazione di cui godiamo presso gli altri possiamo seguire i principi di Dale Carnegie in materia di relazioni interpersonali:
  1. Non criticate, non condannate, non lamentatevi.
  2. Siate prodighi di apprezzamenti onesti e sinceri.
  3. Suscitate negli altri un desiderio intenso di fare ciò che proponete.
  4. Interessatevi sinceramente agli altri.
  5. Sorridete.
  6. Ricordate che per una persona, in qualsiasi lingua, il suo nome è il suono più dolce e più importante che esista.
  7. Siate buoni ascoltatori. Incoraggiate gli altri a parlare di se stessi.
  8. Parlate di ciò che interessa agli altri.
  9. Fate sentire importanti gli altri – e fatelo sinceramente.

5.
Imparare ad automotivarsi

Non esiste nulla di più edificante di un atteggiamento ottimista, che ci porti a credere che le cose andranno bene, che avremo successo e che, qualsiasi cosa accada, riusciremo a essere felici. Ma, purtroppo, può capitare che siamo noi i primi a compromettere fin dal principio le nostre chance di riuscita: accade quando pensiamo che non ce la faremo, e ci convinciamo di avere tutti i pronostici a sfavore. O, per meglio dire, è il nostro atteggiamento mentale a remarci contro. A volte, un comportamento del genere può arrivare al punto da attirarci addosso la sconfitta. Il successo è prima di tutto una conquista mentale: se coltiviamo dubbi e incertezze, è chiaro che mieteremo un raccolto deludente. Invece, quando si persegue un progetto è indispensabile motivare se stessi a vincere ogni esitazione e incamminarsi con decisione verso la realizzazione del proprio obiettivo.

Quando iniziamo a dubitare di noi stessi, quando sentiamo che le cose non vanno tanto bene, allora è il momento di rivolgerci un vigoroso discorso d'incoraggiamento. Dobbiamo dirci – e pronunciarlo ad alta voce – che sì, ce la faremo senz'altro. Una volta dette, le parole contengono un'energia che quelle semplicemente pensate, per quanto ribadite, non sono in grado di suscitare. Pronunciate a voce alta, le nostre parole ci s'imprimeranno in mente in modo molto più vivido e duraturo. Sappiamo bene quanto sia maggiore l'effetto prodotto da una lezione o da un discorso ascoltati dal vivo, rispetto a una semplice lettura silenziosa dello stesso testo, per quanto ben composto e stimolante. Tutti noi ricordiamo a lungo le parole che abbiamo udito, anche se spesso dimentichiamo quelle scritte che pure avevamo compreso a livello mentale: quelle ascoltate producono sull'animo un effetto molto più incisivo.

Dobbiamo imparare a vedere noi stessi come persone che realizzano i propri obiettivi. Seguiamo l'esempio di chi ha conquistato tante vittorie – come loro, focalizziamoci su pensieri di successo. Saper mantenere la motivazione è una nostra precisa responsabilità.

Che cosa s'intende per motivazione?

Consideriamo bene la forma di questa parola. Forse ci verrà in mente un altro vocabolo che inizia con la stessa terna di lettere, MOT, e che è connesso alla parola "motivazione": MOTO. La motivazione infatti è qualcosa che mette in moto una persona, che la induce a riscuotersi e agire. Una terza parola che inizia con le stesse tre lettere è MOTORE. Il grande pioniere dell'industria automobilistica, Ransom Eli Olds, diceva che le persone possono essere paragonate alle automobili: se un veicolo si muove grazie al suo apparato propulsore, il motore a combustione interna, così anche ognuno di noi ha il proprio sistema di propulsione, un motore che arde dentro di noi allo scopo di tenerci in movimento.

Proprio come il motore di un'auto ha bisogno di carburante per farla andare avanti, anche noi abbiamo bisogno di fonti d'energia per procedere. E, così come non tutti i motori possono essere alimentati con lo stesso propellente – alcuni vanno a benzina, altri a energia elettrica, altri ancora a vapore –, lo stesso è vero anche per le persone: non per tutte valgono gli stessi incentivi. La motivazione di alcuni può essere sostenuta

“Rivolgendovi le parole giuste
in ogni momento e in ogni occasione,
riuscirete a orientarvi verso pensieri
di coraggio e felicità, pensieri di energia
e di serenità. Parlando a voi stessi
di tutti i motivi che avete per esser grati
alla sorte, vi sentirete invasi
da sentimenti elevati e gioiosi.”

Dale Carnegie

dall'ambizione di guadagnare di più; altri aspirano soprattutto a farsi un nome; altri desiderano raggiungere l'eccellenza in campo artistico; altri, dedicarsi alle invenzioni; altri ancora, conquistare felicità e appagamento.

Ma chi saprà fornirci il combustibile più adatto a incentivarci? Dipende. Potrà essere un datore di lavoro che sappia ripagarci per un impegno o un risultato fuori dall'ordinario. Oppure si tratterà dei riconoscimenti elargiti da università, fondazioni o governi. O dei profitti realizzati da un'azienda che abbiamo creato o che contribuiamo a gestire. O di un'infinità di altri fattori esterni. Ma le persone in assoluto più motivate ad avere successo sono quelle che sanno fornirsi da sé la propria "fonte d'energia". *L'incentivo migliore di tutti è quello che si genera nella nostra mente. Se crediamo in noi stessi e nel nostro ineluttabile successo, creeremo dentro di noi un'inesauribile fonte di quel "carburante" che servirà a metterci in moto e a farci andare avanti senza esitazioni.*

Dobbiamo cercare di mobilitare tutte le energie interiori che possediamo in modo che alimentino di continuo le nostre capacità di automotivazione. Tutto parte da come impostiamo il nostro modo di pensare. Dobbiamo sollecitare sia risorse mentali, sia quelle fisiche affinché compiano gli sforzi supplementari indispensabili a raggiungere il successo. Dobbiamo avere piena fiducia in noi stessi e nei nostri obiettivi, perché sarà su questi due solidi fondamenti che si reggerà la nostra motivazione. Due stabili capisaldi grazie ai quali riusciremo a sconfiggere tutti gli ostacoli e le delusioni che incontreremo lungo la strada.

Possiamo fare in modo che accada

Il motivo per cui tante persone non riescono a esaudire i propri sogni è che non sono disposte a fare la propria parte per realizzarli.

Ricordiamoci che nutrire l'aspirazione, il desiderio di fare una certa cosa significa solo gettare il seme di quell'ambizione. Se ci fermiamo qui, raccoglieremo ben poco: proprio come un contadino che sia così sciocco da seminare senza prima aver preparato il terreno, senza averlo fertilizzato e liberato dalle erbacce.

Si tratta quindi di corroborare il nostro intimo obiettivo con la sincera determinazione a fare tutto ciò che possiamo, impegnandoci attivamente per tradurre in realtà la nostra visione.

Il semplice fatto di agognarli non ci aiuterà affatto a realizzare i nostri propositi, per quanto intenso e costante possa essere tale desiderio. Quindi dobbiamo non solo gettare il seme dell'aspirazione e della speranza, ma anche impegnarci a nutrirlo, coltivarlo, custodirlo e proteggerlo; altrimenti, non raccoglieremo altro che poche erbacce. Tutt'intorno a noi ne vediamo già tanti, che ottengono solo un pugno di male erbe proprio perché hanno seminato sogni e poi si sono fermati. Purtroppo queste persone ricavano a malapena di che tenersi in vita, e questo solo perché non si sono più prese cura dei loro semi dopo averli piantati.

L'unico sistema per riuscire a tradurre le aspirazioni in realtà consiste nel nutrire e coltivare i propri scopi e ambizioni, nel tenere i desideri del cuore e gli slanci dell'animo vivi, attivi e forti, grazie al lavoro in cui ci s'impegna per concretizzarli.

La struttura portante della nostra vita è invisibile: si decide, infatti, a livello mentale. Siamo noi a gettare le fondamenta del nostro avvenire e a definirne i confini, entro il quadro delle aspettative che coltiviamo. Di sicuro, non potremo costruire nulla che sia più grande del progetto che abbiamo prefigurato: sono i piani che abbiamo in mente a decidere tutto il resto. La forma che prenderà il nostro futuro sarà di fatto la realizzazione, a un maggiore livello di dettaglio, della visione che immaginiamo fin d'ora. Il domani, insomma, è semplicemente un'espansione dell'oggi. Saranno perciò i nostri pensieri dominanti, l'impostazione mentale che più ci caratterizza, a determinare il posto che occuperemo nella nostra vita. Una posizione che scegliamo da soli, stabilendo giorno per giorno che cosa dovremo diventare. Potrà essere un ruolo dagli orizzonti ampi, in continua crescita e in progressivo sviluppo, oppure una collocazione più ristretta, limitata e modesta – dipende solo dal progetto mentale che avremo immaginato, dal tipo di visione che coltiviamo.

Come già detto in precedenza, il solo mondo che mai saremo in grado di conoscere, il solo mondo che per noi sia vero e reale qui e ora, è quello che ci creiamo mentalmente – il mondo di cui abbiamo davvero coscienza. L'ambiente cui diamo forma con i nostri pensieri, con le nostre convinzioni e aspirazioni, con la nostra visione complessiva della vita, è l'unico in cui saremo in grado di vivere.

Le persone di successo si somministrano di continuo, e forse senza neanche accorgersene, vigorose "iniezioni" di benessere e di successo, e lo fanno incoraggiandosi costantemente e orientandosi a una mentalità positiva che li renda immuni ai pensieri cupi, scoraggianti e meschini. Mantenere la fiducia nella prosperità e nel trionfo, soffermarsi sull'immagine di un futuro felice, aspettarselo, augurarselo, e intanto lavorare attivamente per metterlo in pratica – sono queste, che ce ne rendiamo conto o meno, le più efficaci "iniezioni" di benessere.

Mantenersi concentrati sui propri obiettivi

Dave Thomas, benché fosse nato e cresciuto in povertà, non smise mai di credere in se stesso. Fu tra l'altro il fondatore della Wendy's, una catena di fast food molto nota negli Stati Uniti, che nelle sue mani divenne una delle più fiorenti imprese americane nel settore della ristorazione.

Quando gli domandarono quali fossero stati i fattori principali del suo successo, Thomas rispose:

Rimanere concentrati sul conseguimento dei propri obiettivi. Non lasciarsi distrarre, non cercare di fare troppe cose insieme. Senza alcun dubbio, il segreto del successo è la motivazione. Dobbiamo aver sempre chiaro in mente qual è la nostra, e dimostrare a noi stessi che è una motivazione degna e onesta. Se però corriamo dietro a troppe mete diverse, non faremo altro che restare ingarbugliati in un groviglio di conflitti d'ogni tipo. È tassativo restare concentrati sull'essenziale. Dobbiamo individuare quali saranno le nostre motivazioni in ogni nuova fase che ci si apre davanti. Continuiamo a sognare, ma non a occhi aperti: se pensiamo di fare qualcosa soltanto per la gloria, è molto probabile che finiremo per imbrogliarci da soli. Puntiamo direttamente al successo, così da imparare come si fa a raggiungerlo e quanto costa ottenerlo.

Tuttavia, bisogna anche prestare attenzione a non lasciare che la gloria che segue il trionfo ci induca a riposare sugli allori, o peggio. Ad alcuni il successo dà alla testa: rimangono così esageratamente colpiti dalla propria abilità, che ormai sentono di essere arrivati e tirano i remi in barca.

Può accadere però anche il contrario. Quando veniamo biasimati o quando le nostre proposte vengono respinte, spesso ci arrendiamo un po' troppo in fretta. Certo, è ovvio che nessuno di noi può avere sempre ragione; ma, se siamo davvero convinti di non sbagliarci, è nostro dovere insistere, tentare e ritentare ancora di concretizzare i nostri obiettivi.

Non lasciamo mai che le opinioni degli altri su di noi o sulle aspirazioni che abbiamo incidano in alcun modo sulla nostra motivazione. Se si tratta di giudizi negativi, non lasciamo che ci scoraggino; se si tratta di giudizi lusinghieri, non adagiamoci.

Qualunque cosa gli altri dicano di noi, per non lasciarcene influenzare dobbiamo avere un'idea ben chiara di dove vogliamo arrivare, nonché una salda fiducia nella nostra capacità di raggiungere la meta.

Ascoltare, vagliare e valutare

Oltre ai commenti critici, è sempre opportuno mettere in dubbio anche gli elogi che riceviamo dagli altri. Sappiamo tutti di essere tenuti ad ascoltare quello che il nostro capo ha da dire nei nostri confronti: questo è incontestabile. Ma sarà anche molto utile sapere come parlano di noi i colleghi e i collaboratori.

È altrettanto importante ascoltare l'opinione che possono avere in proposito il nostro coniuge, i nostri genitori o il maggior cliente o il principale finanziatore della nostra azienda.

Le persone di successo sanno prendere con un grano di sale ciò che si sentono dire dagli altri. Insomma, siamo pur sempre esseri umani. Può darsi che il capo ci faccia un complimento perché effettivamente ce lo meritiamo. D'altra parte, può anche capitare che ci stia elogiando perché sta per assegnarci un incarico problematico.

Comunque non ha senso, e non è neppure necessario, immaginare che dietro l'angolo ci sia sempre una brutta sorpresa in agguato. Le persone di successo non sono ciniche. E in ogni caso, non si può andare in giro come tanti scettici irriducibili, intimando a destra e a manca: "Poche storie, parlatemi fuori dai denti!" Non tutti i complimenti hanno un doppio fondo, così come non tutte le critiche sono accuse pretestuose. Ed è proprio per questo che è meglio farsi guidare da una bussola più personale: la chiara consapevolezza dei nostri traguardi e la fiducia nelle nostre capacità e motivazioni.

Dovremmo sempre ricordarci che, in ogni ambito, esistono un'infinità di punti di vista: ognuno di noi usa un metro di giudizio differente. Saper individuare qual è quello adatto nel momento giusto è probabilmente uno dei più importanti strumenti di automotivazione che si possano apprendere. Restiamo motivati finché l'obiettivo non sarà conquistato.

“ Non perdiamoci dietro
alle questioni banali, non lasciamo
che le piccole cose – che sono
come le termiti per la nostra vita –
rovinino la nostra felicità. ”

Dale Carnegie

Apprezzare il proprio lavoro

Passiamo la maggior parte della nostra vita al lavoro. Ed è senz'altro più facile impegnarsi a fondo quando le mansioni che svolgiamo ci piacciono. Quindi, dovremmo fare tutto il possibile per riuscire a goderci quel tempo. A patto di ricordare sempre che, anche se ci stiamo proprio divertendo, quello è pur sempre un contesto professionale! La dimensione dello svago, quindi, dovrebbe essere funzionale a quella produttiva, non il contrario. Andrew Grove, che è stato fondatore e per molti anni amministratore delegato di Intel, era convinto che la capacità di automotivarsi derivasse dalla soddisfazione che si trae dagli obiettivi raggiunti. Ogni traguardo conquistato genera nuova fiducia, ed essa sprona a cercare ulteriori vittorie; ogni successo conduce ad altri trionfi. Sempre a proposito della capacità di automotivarsi, Grove aveva identificato sei buone pratiche che lo avevano aiutato a coltivare e a conservare questo talento.

1. *Festeggiare i successi.* Cerchiamo di marcare tutti i traguardi intermedi possibili: il lungo impegno necessario per conseguire lo scopo finale (quello più importante ma anche più arduo) andrà suddiviso in una serie di sforzi più brevi e limitati. Poi, ogni volta che raggiungiamo uno di questi obiettivi intermedi festeggiamo in qualche modo l'evento. Ovviamente, stando attenti a non disturbare o distrarre gli altri colleghi intenti ai propri compiti. Possiamo per esempio concederci un momento scherzoso all'interno della squadra, magari coinvolgendo anche il capo... sempre con tatto e mano leggera, beninteso. Non è mai il caso di inasprire la competizione reciproca.

2. *Variare mansioni.* Anche restando nell'ambito di una stessa azienda, facciamo tutto il possibile per cambiare mansione,

almeno qualche volta. Anche nelle migliori imprese, infatti, qualsiasi tipo di incarico può risultare noioso, con il passare del tempo. E diventa più difficile mobilitare e mantenere le proprie energie e il giusto slancio, quando ci si trova a fare sempre le stesse cose. Variare compito e affrontare incombenze nuove è un ottimo sistema non solo per continuare a trovare interessante il proprio lavoro, ma anche per ampliare l'ambito delle proprie competenze.

3. *Stimare le persone con cui si lavora.* Nella maggior parte dei casi, colleghi, collaboratori e capi occupano un posto di grande rilievo nella nostra vita. Le attività lavorative che svolgiamo sono sempre connesse alle loro: per poterle eseguire bene, dipendiamo da loro come loro da noi. Le persone con le quali lavoriamo sono un fattore cruciale nel determinare se la nostra posizione professionale ci piace, ci soddisfa e magari addirittura ci diverte. Spesso, infatti, la mattina si esce di casa più o meno volentieri a seconda che ci si trovi bene con i colleghi, oppure no. Senza contare che le eventuali difficoltà di rapporto tra collaboratori rischiano di compromettere seriamente la qualità del lavoro, sia a livello personale sia a livello di squadra. Risolvere i problemi di questo tipo è quindi importante, non solo ai fini di un maggior benessere psicologico, ma anche per poter restare produttivi ed efficienti.

4. *Apprezzare il lavoro.* Certo, non è possibile che della nostra professione ci piaccia assolutamente tutto e sempre. Ci saranno momenti in cui saremo esasperati perché non ci dà tregua, e altri in cui ci sembrerà noiosa... ma, in linea di massima, dovremmo amare il lavoro che facciamo. Cerchiamo di comprendere il valore e il senso complessivo delle nostre mansioni, e affrontiamo le incombenze con un pizzico di brio e, perché no, di giocosità. Tra l'altro, un

simile atteggiamento porterà una nota di leggerezza nelle situazioni critiche e favorirà un positivo spirito di squadra.

5. *Impegnarsi*. Dedichiamoci con impegno a raggiungere il risultato finale, anziché preoccuparci del metodo scelto per arrivarci, di chi sia stato ad avere l'idea, o dell'opportunità (o meno) di far bella figura. Conserviamo un'alta considerazione per l'operato di tutti coloro che mostrano rispetto per il proprio lavoro. Nessuno è trascurabile o privo d'importanza: ci vogliono tante persone per far funzionare un'azienda, e tutte hanno un ruolo da svolgere.

6. *Essere sinceri e onesti con tutti*. Questa è una regola tutt'altro che semplice da seguire: ci sono sempre una quantità di ottimi motivi e infinite scusanti, per legittimare un piccolo compromesso qua e là. Potremmo dirci, per esempio, che quella persona non è ancora pronta per una spiacevole verità o una cattiva notizia, che non è il momento giusto, o chissà che altro ancora. Ma arrendersi a queste allettanti giustificazioni apre spesso la strada a comportamenti sbagliati sul piano etico, e può ritorcersi contro di noi nelle maniere più inaspettate. Se ci troviamo in imbarazzo, fermiamoci a riflettere: cerchiamo le parole più opportune per comunicare ciò che dobbiamo.

Rendere più interessanti le proprie mansioni

Gli esperti in scienze del comportamento sono concordi nell'affermare che, sebbene sia possibile sentirsi spronati da fattori esterni quali riconoscimenti, apprezzamenti, sfide gratificanti e, naturalmente, equità di trattamento, il fattore motivante più potente di tutti resta pur sempre la natura del lavoro stesso. Se troviamo le nostre mansioni noiose e poco

“ Credete in ciò che fate,
credete in voi stessi,
e puntate con determinazione
a realizzare qualcosa fino in fondo. ”

Dale Carnegie

stimolanti, tutti gli altri incentivi accessori potranno anche essere interessantissimi, ma sarà sempre molto difficile sentirsi indotti a dare il meglio di sé. Per contro, se amiamo il nostro lavoro al punto di non veder l'ora di arrivare in azienda la mattina e di andarcene a malincuore la sera, c'è ben poco che possiamo fare per motivarci più di così.

Purtroppo, nelle aziende odierne parecchie mansioni richiedono soprattutto attività di routine, perciò è difficile, per non dire impossibile, riuscire a renderle più entusiasmanti. Un sistema per aggirare il problema è trovare il modo di rendere le operazioni più varie e interessanti.

Scendere in gara contro se stessi

Denise fa l'operatrice informatica lavorando da casa: si occupa di inserimento dati, compilazione di fogli di calcolo e di altre incombenze correlate per conto terzi. Una volta acquisita dimestichezza con gli aspetti tecnici della professione, è stata ben presto in grado di lavorare bene e di rispettare tranquillamente le scadenze.

Dopo diversi mesi, però, si era così familiarizzata con quelle mansioni da cominciare a trovarle noiose: se prima era impaziente di ricevere nuovi incarichi, adesso invece li vedeva quasi come una disgrazia e aveva cominciato a trovare mille scuse per rimandare il momento di iniziare l'attività della giornata.

Denise provò a chiedere un lavoro un po' più vario e complesso, ma la sua richiesta non poté essere accolta. Così cercò di individuare da sola un modo per riscuotersi da quella sensazione di apatia: "Ora che ci penso, io sono sempre stata un tipo competitivo," si disse. "Se fossi in competizione con altri per vedere chi consegna il lavoro per primo, allora sì che mi sentirei elettrizzata. Ma siccome non ho altre persone con cui gareggiare, dovrò farlo contro me stessa."

Quando ricevette l'incarico successivo, calcolò quanto ci avrebbe messo a portare a termine ciascuna fase, poi lo verificò a posteriori, apportò le eventuali correzioni e infine si annotò il risultato. Eseguì questa procedura più volte, in modo da avere un'idea abbastanza precisa delle tempistiche che normalmente impiegava per svolgere i vari tipi di mansione. Dopo di che iniziò la gara, cercando di scendere al di sotto dei suoi tempi di lavorazione normali. Lo stimolo offerto da questa competizione diede presto nuovo impulso alla sua motivazione, tanto che ora sta già pensando ad altre sfide che possano fornirle nuovi elementi d'interesse e rafforzare il suo entusiasmo per i compiti che svolge.

Non sempre possiamo farcela da soli

Quando Jennifer era stata assunta per dirigere il reparto che gestiva le domande di indennizzo presso la Liability Insurance Company, aveva trovato un lavoro tedioso e opprimente. La gestione delle domande d'indennizzo era organizzata come una sorta di "catena di montaggio". Ogni impiegato controllava una singola sezione del modulo, poi lo passava al collega, che controllava la sezione successiva, e così via. Se veniva rilevato un errore o sorgeva qualche dubbio d'interpretazione, il modulo veniva messo da parte per essere poi esaminato da un esperto. Dal punto di vista operativo, si trattava di un sistema senz'altro molto efficiente; però rendeva anche il lavoro monotono e poco stimolante. Jennifer decise di esporre il problema al suo supervisore e suggerì che le mansioni degli impiegati sarebbero diventate non solo più interessanti, ma anche più efficaci, se fossero state un po' più ampie e complesse. Egli si trovò d'accordo con lei, così provarono a elaborare insieme un nuovo sistema. Per cominciare, si rinunciò al metodo della "catena di montaggio".

Ogni impiegato ora avrebbe controllato ciascun modulo per intero, correggendo gli errori e risolvendo i problemi di interpretazione. Com'è ovvio, il cambiamento richiese un periodo di formazione aggiuntiva e all'inizio ebbe l'effetto di rallentare il lavoro, ma alla fine si rivelò proficuo, non solo per Jennifer ma per l'intero reparto, contribuendo a creare un gruppo altamente motivato di lavoratori che nutrivano un interesse genuino per le proprie mansioni. I tassi di turnover, assenteismo e insoddisfazione dei collaboratori diminuirono considerevolmente e, una volta che il nuovo sistema ebbe superato la fase di rodaggio, aumentarono anche la velocità e la precisione dell'intero processo.

Non cedere mai allo sconforto

Charles Schwab è stato uno degli imprenditori di maggior successo nella storia dell'economia americana. Non a caso, fin da quand'era un giovane, povero, agli esordi della carriera, aveva preso la preziosa abitudine di somministrarsi le opportune "iniezioni" di successo ogni volta che ne avvertisse il bisogno.

Non permise mai che il suo fermo proposito di raggiungere prosperità e successo vacillasse o svanisse. Del resto, se si fosse lasciato scoraggiare dai molti ostacoli che aveva di fronte, non sarebbe mai diventato un magnate dell'industria. Anzi, se riuscì sempre a trionfare su tutti i pensieri cupi, distruttivi e scoraggianti, fu proprio grazie alla sua ostinata e costante aspirazione alla realizzazione e alla vittoria.

Ogni giorno siamo visitati da tante nuove idee, ispirazioni e risoluzioni. Dobbiamo agire subito, qui e ora. Forse il domani ci porterà nuovi spunti e progetti, ma oggi, adesso, dobbiamo dare espressione all'intuizione del momento.

Un'illuminazione stimola la creatività di un'artista con la rapidità del fulmine. Lei ne fa il fulcro dei suoi pensieri, continua a rigirarsela in mente, e quella suggestione invade tutto il suo animo, ma... Ma adesso non si trova nel suo atelier, oppure non è in una situazione adatta per trasferire il suo estro sulla tela, e così l'ispirazione pian piano svanisce, fino a scomparire del tutto.

Un'idea forte e vigorosa attraversa la mente di uno scrittore, tanto che egli avverte l'impulso irrefrenabile di impugnare la penna per affidare alla carta la bellezza di quelle immagini e il fascino di quel concetto, ma... Ma ora non è il momento opportuno e così, anche se l'attesa gli appare insostenibile, rimanda il momento della stesura. Quelle scene e quelle parole continuano a perseguitarlo, ma egli ritarda ancora. Alla fine l'ispirazione si fa sempre più indistinta, fino a svanire nel nulla: ed eccola perduta per sempre.

È solo l'attuazione del piano che conduce al successo. Tutti quanti possono decidere di compiere una grande impresa; e solo chi ha la necessaria forza di carattere saprà mettere in atto il suo proposito.

Naturalmente, può capitare che un'idea o un impulso ci colgano in un momento in cui non ci è possibile concretizzarli subito. Magari siamo a bordo di un aereo e il viaggio durerà ancora a lungo; oppure siamo nel bel mezzo di un altro lavoro molto importante; o, ancora, l'ispirazione ci è venuta proprio nel cuore della notte.

Dimenticare un buono spunto non è un destino inevitabile. Benjamin Franklin aveva sempre un taccuino e una matita a portata di mano – in tasca, sul comodino, sulla scrivania – per potersi scrivere suggerimenti e annotazioni nel momento in cui gli si presentavano alla mente. Si faceva dovere, poi, di tornarci sopra non appena possibile e di iniziare a elaborarli alla prima occasione. Oggi, per noi è tutto più comodo: quando ci viene un'idea, possiamo prendere un appunto vocale o digitarlo sul nostro tablet o smartphone, in qualunque luogo e in ogni momento.

Il successo nasce da dentro

Nessuno è mai arrivato al trionfo cercando di essere qualcun altro, neanche se il suo modello era una persona di incontestabile successo. Una vittoria non si può copiare e non è neanche possibile farne un'imitazione convincente, ma è sempre l'esito di una forza inimitabile ed è una creazione individuale.

Se cerchiamo di essere qualcun altro e di esprimerci come tale anziché come noi stessi, probabilmente andremo incontro a una sconfitta. L'energia, infatti, non può provenire che da dentro: è per questo che dobbiamo essere noi stessi. Ciascuno deve ascoltare la propria voce interiore. Ci sono margini di miglioramento in tutte le professioni, in tutti i mestieri, in tutte le attività. Il mondo ha bisogno di persone che siano capaci di lavorare meglio e in modo innovativo. E non dovremo pensare che nessuno ci darà ascolto, solo perché magari la nostra idea non ha precedenti o perché siamo ancora giovani e privi di esperienza. Se abbiamo qualcosa di nuovo e di valido da offrire al mondo, stiamo pur certi che saremo ascoltati e accolti. Se si ha il coraggio di credere nelle proprie idee e di creare i propri metodi, se non si ha paura di essere se stessi anziché la semplice copia di qualcun altro, i dovuti riconoscimenti non tarderanno ad arrivare. Non c'è nulla che attiri l'immediata attenzione di un'azienda, o del prossimo in generale, più dell'originalità e di modalità operative inedite, soprattutto quando si rivelano anche efficaci.

Saper gestire i propri pensieri

Nel nostro mondo qualunque cosa dipende dal pensiero ed è necessario imparare a indirizzarlo in modo da favorire le nostre doti di automotivazione. Negli ultimi anni sono stati dedicati numerosi studi e approfondimenti alla capacità di governare la mente al fine di migliorare il carattere e di modificare, se non le circostanze esterne, almeno la percezione che ne abbiamo, così da riuscire a conseguire salute, soddisfazioni e successi.

Quando poi il compito da realizzare consiste, del tutto o in parte, in operazioni mentali – come accade nella maggioranza delle attività che portano al successo –, allora il ruolo svolto dal pensiero si rivela ancora più determinante. A questo mondo i grandi conquistatori, che operino sui campi di battaglia, nelle lotte commerciali o in campo intellettuale o morale, vincono soprattutto grazie a quella particolare spinta interiore che li incentiva a compiere ciò che va fatto.

Una volta maturata la consapevolezza della nostra intrinseca capacità di realizzare grandi cose, una volta acquisita la certezza che siamo destinati ad avere successo e che siamo in grado di indirizzare la nostra mente nelle direzioni opportune, riusciremo a rivoluzionare la nostra vita e a sconfiggere gran parte delle avversità e difficoltà.

Non possiamo pensare di star meglio e di guarire, se non facciamo altro che rimuginare, parlare della nostra salute malferma e se siamo i primi a non convincerci che ci rimetteremo in forze. Allo stesso modo, non possiamo credere che le nostre capacità operative si rafforzino e si sviluppino, se dubitiamo seriamente di riuscire a realizzare ciò che abbiamo intrapreso. Nulla svigorisce la mente, rendendola incapace di pensare in maniera produttiva, quanto le nostre continue ammissioni di debolezza o i continui dubbi sulla nostra capacità di portare a termine ciò che ci siamo proposti.

Per questo l'apprendimento più importante e il principale dovere verso noi stessi e quanti ci circondano è proprio quello di imparare a governare il pensiero e ad automotivarsi, capacità che portano a un maggior grado di sviluppo personale. Ma, forse perché il pensiero è qualcosa di astratto, o perché quasi nessuno è abituato a gestirlo in modo consapevole, ci

“

A questo mondo
non si arriva da nessuna parte
se non c’è qualcosa che si vuole,
a tutti i costi, realizzare.

”

Dale Carnegie

s'immagina che imparare a governarlo sia una faccenda arcana e complicata, una scienza che richiede ardui studi, parecchio tempo e chissà quali conoscenze teoriche. Nulla di più lontano dal vero. Qualunque sia il nostro grado di istruzione o di cultura, tutte le capacità che occorrono sono già dentro di noi, e per numerosi che siano i nostri impegni, il tempo di cui riusciremo a disporre sarà sufficiente, se vogliamo davvero rimodellare il nostro atteggiamento mentale, il nostro carattere e, in una parola, la nostra vita.

Ognuno di noi si troverà di fronte a un compito differente, avrà problemi diversi da risolvere e altre mete verso le quali dirigersi; ma il metodo sarà fondamentalmente lo stesso, e il percorso presenterà il medesimo grado di difficoltà per tutti.

Focalizziamoci sull'obiettivo scelto, cercando di visualizzare mentalmente il momento in cui l'avremo raggiunto, e intanto restiamo acutamente consapevoli del fatto che ci stiamo avvicinando, istante per istante, al momento di tagliare il traguardo agognato. In questo modo gli ostacoli svaniranno uno dopo l'altro, e quello che all'inizio ci era sembrato un obiettivo di notevole difficoltà ci apparirà ora più accessibile. L'imperativo principale è mantenere la meta sempre davanti agli occhi senza mai lasciare che il nostro interesse si affievolisca, rischiando così di distoglierci da quel prezioso posto che desideriamo occupare nel mondo, dall'inestimabile opera che vogliamo portare a termine.

Non c'è altra strada se non… rimboccarsi le maniche!

Pensare al successo non basta: alla contemplazione interiore deve seguire la fase dell'attività concreta. Una meditazione approfondita non ci esime affatto dalla necessità di impegnarci in azioni pratiche: è, piuttosto, un mezzo per capire quali sono le iniziative da intraprendere, e in quale modo converrà farlo.

Dunque, entriamo nello spirito giusto e poi mettiamoci al lavoro. Iniziamo dalla prima parte, cioè dal corretto atteggiamento mentale nei confronti del nostro traguardo, e poi diamoci subito da fare per trasformare il nostro sogno in realtà.

Infatti, parafrasando un vecchio motto, potremmo dire che "non si muove foglia che la nostra mente non voglia", intendendo con ciò che nulla può avere inizio senza un pensiero che abbia preceduto l'azione. È la volontà, infatti, a dare impulso a ogni realtà concreta. È il primo motore, la causa di tutto ciò che percepiamo con i sensi.

Sono i pensieri costanti che dedichiamo alla nostra attività, per esempio, sono i nostri piani su come e con quali fondi espanderla, i nostri progetti su come ampliarla e migliorarla: sono questi, i veri responsabili della sua crescita. Le nostre idee e progetti, la nostra passione, le nostre aspirazioni al successo... sono tutte energie vitali capaci di rendere via via più potente quella vera e propria "calamita mentale" capace di attrarre le realtà che più desideriamo.

Qualunque sia il nostro lavoro o la nostra attività, l'abitudine a coltivare un ideale di prosperità, felicità e fortuna ci permetterà di orientare il pensiero in direzione appunto di questi obiettivi e ci aiuterà moltissimo a conservare una prospettiva ottimistica, in ogni genere di circostanza. Un atteggiamento mentale di questo tipo, oltretutto, è il modo più efficace per rafforzare la propria sicurezza e la fiducia in se stessi; alimenta la stima e il rispetto di sé, la capacità di automotivarsi e di credere in un futuro ricco di opportunità.

Determinazione

Uno dei sistemi più efficaci per autoincentivarsi è una ferma determinazione a conseguire i propri obiettivi. Quando le cose vanno male, quando gli ostacoli sembrano insormontabili e lo sconforto si fa sentire, sarà proprio questa tenacia a infonderci la forza di continuare a lottare.

I grandi campioni non dicono mai "impossibile". Cercano piuttosto un modo per superare gli ostacoli. Perfino ai più grandi può capitare di essere sconfitti, ma di sicuro non perdono mai senza averci almeno provato, perché sono innanzitutto determinati a vincere.

Riflessione

La componente principale della capacità di automotivarsi è la riflessione. Prima di mettersi al lavoro su qualsiasi cosa, è indispensabile elaborare un progetto accurato. Un lavoratore dalle prestazioni eccellenti, di fronte a un nuovo compito, riflette in modo approfondito su come lo eseguirà, tenendo conto di ogni particolare.

Spesso, nel caso di compiti complessi, la fase di pianificazione richiede un lasso di tempo pari a quello necessario per la realizzazione operativa. Prima di recarsi in visita presso un potenziale cliente, per esempio, un buon venditore pensa a tutti i possibili ostacoli che potrà incontrare e al modo migliore per affrontarli. I manager di un'azienda riflettono a fondo su tutte le conseguenze ipotizzabili di una certa linea di condotta, prima di prendere una decisione in merito. E lo stesso vale per le celebrità del teatro, del cinema, della televisione o dello sport.

Norman Strauss, appaltatore di New York City operante nel campo delle tinteggiature industriali, si trovava a dover risolvere un grosso problema. Entro la fine della settimana doveva presentare la sua offerta per la tinteggiatura del Madison Square Garden, il più grande stadio coperto di New York. Il problema principale era la tinteggiatura del soffitto, situato a più di trenta metri dal pavimento. Di solito, per tinteggiarlo si montava un'impalcatura su cui gli operai potessero salire per eseguire il lavoro, e il costo di questa era lo stesso in tutte le offerte presentate dagli altri appaltatori. L'unico modo per presentare un preventivo più conveniente consisteva nel trovare una soluzione alternativa che consentisse di tinteggiare il soffitto senza usare impalcature. Ma lo sapevano tutti che questo non era possibile, quindi perché perder tempo a pensarci?

Fortunatamente Norman Strauss non era tipo da arrendersi facilmente. Era ben determinato ad avere successo ed era convinto che, di fronte a una difficoltà, non si dovesse mai smettere di cercare una via d'uscita. Quella sera, mentre tornava a casa, Norman vide una squadra di un'azienda elettrica intenta a riverniciare un lampione stradale. Per raggiungerne la cima, avevano usato un'autogrù a cestello, cioè un camion provvisto di una gru idraulica che poteva essere sollevata a diverse altezze. Allora Norman ebbe l'idea: "Perché non usare un'autogrù a cestello anche per il soffitto del Madison Square Garden?" Il giorno seguente prese tutte le informazioni necessarie, da cui risultò che la procedura era fattibile, e anche poco costosa. Così Strauss poté presentare un'offerta considerevolmente più bassa rispetto ai suoi concorrenti e si aggiudicò l'appalto.

Prefiggersi sempre nuovi obiettivi

Chiunque desideri continuare a crescere, acquisire nuove abilità, moltiplicare i propri talenti, deve applicarsi con dedizione costante per superare i risultati ottenuti fino a quel momento. Bisogna saper cogliere tutte le opportunità per migliorarsi e per far progredire la propria azienda o la propria attività professionale.

In qualunque campo, c'è un solo modo per esser sicuri di progredire: impegnarsi in ogni modo per superare ulteriormente le proprie migliori performance. Ma mettere in atto uno sforzo sporadico, per quanto intenso, non serve. Sono i piccoli progressi costanti, quotidiani, ripetuti, a contare di più sull'esito finale.

Aver realizzato, ieri, un lavoro eccellente, fosse anche un'opera assolutamente splendida, non ci autorizza a riposare sugli allori oggi. Al contrario, dovrebbe piuttosto spronarci a fare ancora di più e meglio domani.

Non dobbiamo mai consentire, a nessuno, di minare la nostra sicurezza o di infrangere la fiducia che abbiamo in noi stessi, perché sono proprio queste qualità a costituire le basi di ogni grande risultato. Se ci vengono a mancare, allora crolla anche tutta la nostra struttura interiore; ma finché le conserviamo intatte, avremo sempre una speranza. Un'illimitata sicurezza, una solida fiducia in se stessi – capace eventualmente di sconfinare nell'audacia – sono doti assolutamente indispensabili per chiunque si riproponga di compiere grandi imprese.

In conclusione

- Seguiamo l'esempio delle persone che hanno conquistato tante vittorie – come loro, focalizziamoci su pensieri di successo.
- L'incentivo migliore di tutti è quello che si genera nella nostra mente. Se crediamo in noi stessi e nel nostro ineluttabile successo, creeremo dentro di noi un'inesauribile capacità di automotivarci.
- Non lasciamo che le opinioni degli altri su di noi o sulle aspirazioni che abbiamo incidano in alcun modo sulla nostra motivazione. Se si tratta di giudizi negativi, non lasciamo che ci scoraggino; se si tratta di giudizi lusinghieri, non adagiamoci.
- Se amiamo il nostro lavoro al punto di non veder l'ora di arrivare in azienda la mattina e di andarcene a malincuore

la sera, c'è ben poco che possiamo fare per motivarci più di così.

- Tutti abbiamo il tempo e le capacità sufficienti per rimodellare il nostro atteggiamento mentale, il nostro carattere e, in una parola, la nostra vita.
- Bisogna essere fermamente determinati a conseguire i propri obiettivi. Quando le cose vanno male, quando gli ostacoli sembrano insormontabili e lo sconforto si fa sentire, sarà proprio questa tenacia a infonderci la forza di continuare a lottare.

6.
Preservare l'ottimismo

Mantenere un atteggiamento positivo è importante sotto tutti gli aspetti, ai fini dell'immagine che intendiamo trasmettere agli altri, ma se c'è un ambito in cui questa abitudine si rivela addirittura cruciale è quello della considerazione che si ha di se stessi. A questo proposito, molti riportano la celebre frase di Eleanor Roosevelt: "Nessuno può farti sentire inferiore senza il tuo consenso."

Quasi tutti – anche le persone che possono sembrare più risolte e serene – si portano dietro un bagaglio mentale pieno zeppo di messaggi negativi a proposito di se stessi, che possono provenire dai genitori, ma anche da insegnanti, capi, colleghi o semplicemente dalla propria immaginazione... Però, ricordiamoci che è possibile cambiare il "colore" di tali convinzioni e scegliere consapevolmente di aderire a opinioni più positive.

Perché a volte, se ci pensiamo, effettivamente *capita* che gli altri ci rimandino un'immagine favorevole di noi stessi. Quindi, come si è suggerito nel capitolo 1, teniamocela ben stretta, quell'immagine! Inauguriamo un dossier, oppure un quaderno, dove raccoglieremo ringraziamenti, menzioni e riconoscimenti, recensioni e giudizi entusiastici, valutazioni favorevoli, e ogni altra prova tangibile della nostra bravura e dei nostri talenti.

Non smettere mai di sperare

Non c'è nulla di più incoraggiante di una mentalità incline a mantenere viva la speranza, a credere che le cose andranno bene anziché male, che riusciremo nei nostri propositi anziché fallire e che, a prescindere da quello che potrà capitare o non capitare, troveremo la felicità.

Nulla potrà rivelarsi più utile di questa disposizione ottimistica e speranzosa – quella di chi cerca e si aspetta sempre il meglio, il traguardo più elevato, l'esito più felice –, senza mai permettersi di scivolare in uno stato d'animo pessimistico e scoraggiato.

Dobbiamo credere con tutto il cuore che riusciremo davvero a fare il lavoro per cui siamo nati, quello che abbiamo sempre desiderato. Non lasciamo il minimo spiraglio a eventuali dubbi, neppure per un istante. E dovremo accogliere soltanto i pensieri "amici", ovvero gli ideali collegati a ciò che abbiamo seriamente intenzione di realizzare. Allo stesso tempo bisognerà respingere gli attacchi di qualsiasi pensiero "nemico", cioè tutte le prospettive scoraggianti e ogni altro elemento che possa suggerire, anche solo in via teorica, qualche possibilità di frustrazione e insuccesso.

Non ha alcuna importanza *che cosa* stiamo tentando di fare o di diventare; l'essenziale è assumere verso i nostri progetti un atteggiamento ottimistico, speranzoso e colmo di aspettative. Questo ci metterà sulla strada giusta per far crescere tutte le nostre doti migliori e per intraprendere un complessivo miglioramento personale.

Le grandi personalità pensano in modo positivo

La qualità fondamentale che accomuna tutte le figure più autorevoli è, da sempre, la capacità di conservare una

“

A rendervi felici o infelici
non è quello che possedete,
il tipo di persona che siete,
il luogo in cui vi trovate
e nemmeno quello che fate.
È quello che ne pensate.

”

Dale Carnegie

costante, ostinata fiducia in se stessi, senza lasciare che nulla incrini la certezza che alla fine si riuscirà a compiere quanto si è intrapreso. La stragrande maggioranza di coloro che hanno offerto un qualche significativo contributo al progresso umano è composta da persone venute su dal niente, che per lunghi anni hanno combattuto contro mille difficoltà, apparentemente senza alcuna speranza di riuscire a realizzare le proprie ambizioni. Ma tutti hanno continuato a lavorarci, e a credere che in qualche modo una strada si sarebbe aperta, prima o poi.

Pensiamo solo a che cosa abbia significato, questa propensione a credere e sperare, nel caso dei grandi inventori! A come tanti di loro abbiano affrontato anni e anni di aride e monotone fatiche, prima di vedere la luce! E quella luce probabilmente non si sarebbe mai accesa nella loro mente, se non fosse stato per la loro capacità di credere, sperare e impegnarsi in sforzi indefessi.

Non c'è disposizione mentale che si rivelerà più preziosa, per le nostre vite, di questa inclinazione ad aspettarsi il meglio anziché il peggio, a dare per scontato che la spunteremo e avremo successo in qualunque iniziativa decideremo d'intraprendere.

Molti, invece, mandano a monte fin dal principio ogni possibilità di vittoria perché prevedono di non farcela e credono che tutte le circostanze giochino contro di loro. In altre parole, è la loro stessa mentalità a rendere meno probabile il successo al quale aspirano. Un atteggiamento del genere a volte sembra addirittura attirare un esito negativo.

Il trionfo è qualcosa che si conquista prima di tutto nella propria testa. Se si parte pieni di dubbi, il risultato finale non potrà fare altro che confermarli. Per poter riuscire occorre coltivare una ferma fiducia e una costante sicurezza. Al contrario, un animo esitante e incerto non potrà che ottenere risultati tentennanti.

Conquistarsi le gratificazioni del successo

Molti di noi si sentono incentivati dai vantaggi tangibili. Per esempio ambiscono ad avere una bella casa, guidare un'automobile di lusso, frequentare ristoranti costosi, andare in vacanza nelle località più esclusive... in breve: aspirano a diventare ricchi.

Il celebre banchiere J.P. Morgan era uno degli uomini più facoltosi della sua generazione. Quando gli chiesero perché aspirasse a guadagnare sempre di più, dato che possedeva già tutto quello che il denaro potesse comprare, rispose: "I miei profitti sono solo una pagella che esprime la misura del mio successo. Non mi serve il denaro in sé, ma se continuo a darmi da fare per diventare più ricco, è per dimostrare a me stesso di essere ancora un abilissimo uomo d'affari."

Quando a Teddy L., uno dei dieci venditori più in gamba di una certa azienda, chiesero quale fosse l'incentivo che lo spingeva a uscire tutti i giorni per visitare clienti su clienti, rispose di essere cresciuto in una famiglia povera, e di aver trascorso l'infanzia in un alloggio popolare dove non c'era neppure l'acqua calda.

> Ho sempre sognato che un bel giorno avrei avuto una casa tutta mia, una bella casa come quelle dove abitavano i ricchi. Quando ho iniziato a fare il venditore, non ero poi tanto bravo. Vendevo appena quel che bastava per rispettare le mie quote, ma comunque riuscivo a guadagnare abbastanza da potermi permettere un appartamento confortevole. Poi un giorno mi è capitato di attraversare in macchina i quartieri dove vivevano le famiglie più agiate della città e mi è tornato in mente il mio sogno di possedere, un giorno, una villa come quelle. In quel momento decisi, così su due piedi, che avrei messo da parte tutto il denaro necessario per comprarmi una casa del genere. Il giorno stesso andai in un'agenzia immobiliare e mi feci dare un po' di foto di alcune abitazioni in vendita in quel quartiere. A casa, ne appesi una sopra il comodino accanto al letto;

un'altra la attaccai allo specchio del bagno, e ne infilai una terza nell'aletta parasole dell'auto. Ogni sera prima di addormentarmi contemplavo la prima foto; ogni mattina, mentre mi radevo, guardavo la seconda; ogni giorno, mentre mi recavo dai miei clienti, osservavo la terza. Ed ero sempre più deciso: un giorno avrei comprato una villa come quelle delle fotografie. Potevo già visualizzarlo mentalmente: io, nel futuro, che abitavo in quella casa con tutta la famiglia. Ci vedevo riuniti insieme a cenare in una grande sala da pranzo; mia moglie e io rilassarci in salotto, mentre ognuno dei miei figli giocava nella propria camera; immaginavo la mia amata consorte intenta a preparare i pasti in una bella cucina moderna; e tutti noi che ci godevamo la bellezza del prato ombreggiato da alberi alti alti. Questi pensieri mi hanno spinto a condurre con più grinta ogni singola trattativa; a prendere un appuntamento in più tutti i giorni; a imparare e a mettere in pratica nuove e più efficaci tecniche di vendita.
Il numero di contratti firmati aumentò nel giro di pochi mesi. Entro un anno, mi trovai a guadagnare il doppio rispetto ai precedenti e, il successivo, fui in grado di acquistare la casa dei miei sogni.

Ma le ricompense cui si aspira non devono essere per forza di tipo materiale. Alcuni di noi si sentono appagati soprattutto dalla gratifica di essere riusciti a vivere come desideravano. John Burroughs fu senza dubbio un uomo di successo, anche se non era ricco. Conduceva un'esistenza sobria e modesta; ai suoi occhi, il denaro non rivestiva grande importanza. Però fu probabilmente il più grande naturalista della sua epoca, e dedicò il proprio tempo allo studio e all'esposizione del suo pensiero scientifico.

La sua principale ricompensa era appunto la profonda soddisfazione di potersi dedicare alle meraviglie della natura: "Io vivo per ampliare e trarre gioia dalla mia esistenza, e sono convinto che in questo modo opero per il maggior bene di tutti. Se corressi dietro agli uccelli solo per scrivere sull'argomento, non avrei mai pubblicato nulla che potesse piacere a qualcun altro. Io devo scrivere sull'onda della partecipazione e dell'affetto – in pratica, sull'onda della gioia – oppure non farlo affatto. Il mio lavoro è un piacere, è per questo che i suoi risultati sono piacevoli."

Se teniamo sempre bene a mente il genere di gratificazione che desideriamo, non importa se concreta (un'auto nuova, una bella casa, denaro sufficiente per ritirarsi in pensione) o astratta (la soddisfazione di fare ciò che abbiamo sempre sognato), questa si rivelerà un formidabile incentivo a lavorare con impegno per raggiungere il nostro obiettivo e ottenere così il premio agognato.

Mai andare in cerca di guai

Ci sono individui che, in ogni circostanza, guardano sempre il lato negativo della situazione.

Considerando quanto sia controproducente sprecare energie in questo modo, è sorprendente vedere il numero di persone che non riescono a fare a meno di cercarsi dei guai, o quantomeno di coltivarli e blandirli come se fossero esattamente quel che si augurano. Peccato che nessuno sia mai andato in cerca di sventure senza trovarle... e trovarne tante! Questo accade proprio perché qualunque cosa può trasformarsi in un inconveniente, quando ci si mette in testa che qualcosa di brutto capiterà senz'altro. Dicono che ai tempi del selvaggio West, quando la vita di frontiera era ancora violenta e pericolosa, chi girava sempre armato e bardato di pistole, revolver e coltellacci finiva sempre con l'attirarsi delle grane, mentre chi viaggiava disarmato e si affidava alle proprie doti di buon senso, autocontrollo, tatto e humour non aveva quasi mai problemi. L'episodio che per il pistolero significava uno scontro a fuoco, per il suo collega più intelligente e pacifico era solo una sciocchezza. E lo stesso discorso vale anche per chi va in cerca di guai al giorno d'oggi. Chi mostra un atteggiamento sempre sfiduciato, abbattuto, triste e cupo è sicuramente nella condizione migliore per cogliere alla perfezione tutti gli aspetti più scoraggianti e negativi di ogni situazione. Quello che agli occhi di una persona più ottimista sarebbe solo un contrattempo da nulla a cui reagire con un sorriso per poi dimenticarsene, agli occhi di un menagramo diventa subito un oscuro presagio che getta un'ombra di inquietudine e sconforto.

Un'immaginazione vivida, quando è male impiegata, può trasformarsi nel peggiore dei nemici. C'è chi vive in uno stato di costante infelicità e malessere perché s'immagina sempre che gli altri non facciano che insultarlo, disprezzarlo, ignorarlo o al contrario parlar male di lui. Pensa di essere vittima di ogni sorta di disgrazie o di essere oggetto di invidie, gelosie e altri mille sentimenti ostili. Si tratta, naturalmente, perlopiù di illusioni del tutto prive di fondamento. La sola vera disgrazia consiste piuttosto nell'aver ceduto a uno stato d'animo così negativo. È un atteggiamento che annienta ogni soddisfazione, scoraggia ogni desiderio di fare e distrugge l'armonia mentale... in breve, avvolge con un manto di mestizia la vita stessa.

Chi coltiva pensieri del genere si vota in pratica a una perpetua afflizione, poiché si circonda di una mefitica atmosfera di pessimismo. È come se indossasse senza tregua un paio di occhiali scuri per cui il mondo appare ai suoi occhi come parato a lutto: non fa che veder nero, sempre e ovunque. Non c'è una singola nota luminosa o gaia, nella realtà in cui è immerso.

Queste persone si sono soffermate su scenari di povertà, insuccessi, sfortuna, malasorte e avversità talmente a lungo che ora si trovano impregnate di disfattismo fino all'osso. La loro capacità di sorridere e di aver fiducia si è atrofizzata per trascuratezza e mancanza di esercizio, mentre la loro inclinazione catastrofista è ormai così potente, che non riescono più a recuperare una mentalità equilibrata, serena, sana e normale.

Figure di questo tipo esercitano una specie di influsso cupo, sgradevole e fastidioso su qualunque situazione o ambiente. A nessuno fa piacere conversare con loro, dato che sanno parlare solo di disgrazie e difficoltà. Per loro infatti i tempi sono sempre duri, il denaro scarso, la società sempre a un passo dal "finire in malora". Dopo un po' si trasformano in veri e propri fissati delle tragedie, arrivano a diventare morbosi al punto che gli altri preferiscono tenersene a distanza.

Una maniera particolarmente offensiva e spiacevole di cercarsi guai è quella che consiste nel gettare sempre la croce addosso agli altri, subissandoli di critiche e rimproveri. Se ci facciamo caso, ci sono persone che non si mostrano mai né generose né magnanime nei confronti del prossimo. Al contrario, sono avarissime di lodi, riconoscono di rado i meriti altrui e anzi non fanno che spargere commenti negativi a destra e a manca.

Mai criticare, mai condannare, mai lamentarsi

Fin da giovani, dovremmo formulare il fermo proposito di non criticare gli altri, di non puntare il dito contro di loro e di non giudicarli per i loro difetti o mancanze. Mostrare un atteggiamento continuamente critico e accusatorio, lasciarsi andare al sarcasmo o all'ironia, trovare pecche e difetti in tutto e in tutti, cercare qualcosa da condannare anziché qualcosa da elogiare, sono abitudini di per sé estremamente nocive. Come un verme letale annidato in un bocciolo di rosa o in un frutto, simili inclinazioni ci consumeranno dall'interno trasformando la nostra esistenza in qualcosa di contorto, amaro e avvizzito.

Nessuno, infatti, potrà mai condurre una vita armoniosa e felice dopo aver acquisito abitudini così degradanti. Chi cerca sempre qualcosa da condannare rovina innanzitutto la propria reputazione e distrugge la propria integrità.

Tutti noi preferiamo le persone solari, brillanti, allegre e ottimiste; nessuno, d'altra parte, apprezza i brontoloni, gli ipercritici, le malelingue e i diffamatori. Come scrisse il grande filosofo americano Ralph Waldo Emerson: "Al mondo piacciono gli uomini che vedono la longevità nelle proprie motivazioni e la bontà nel futuro, che credono alla parte migliore e non peggiore delle persone."

Chi invece si lascia trascinare in futili chiacchiere e pettegolezzi, chi ha una lingua biforcuta e sfoga senza riflettere rancori e malumori ne trarrà solo una soddisfazione temporanea, ma poi seguiterà a essere tormentato dal proprio brutto carattere... anche se continuerà a non capire come facciano tutti gli altri a essere così tranquilli e soddisfatti mentre lui, o lei, non ci riesce affatto!

Eppure non è così difficile vivere cercando sempre gli aspetti più degni e più attraenti di quel che ci circonda, anziché le brutture; quelli più nobili, anziché quelli ignobili; la luce e il sorriso, anziché l'oscurità e la mestizia; i motivi di speranza, anziché quelli di disperazione; insomma, guardando ai lati positivi anziché a quelli negativi.

Volgere sempre il viso verso il sole è facile come guardare sempre le ombre; in compenso, può fare tutta la differenza del mondo, sia per il nostro carattere, trasformando il malcontento in soddisfazione e la tristezza in felicità, sia per la nostra vita, trasformando l'avversità in prosperità e il fallimento in successo.

Impariamo allora a ricercare sempre la luce, e rifiutiamo nel modo più assoluto di accogliere oscurità e brutture, scenari negativi e disarmonia. Se prenderemo sempre ciò che procura gioia, sostegno e ispirazione, in breve riusciremo a cambiare completamente il modo di guardare alla realtà, trasformando anche la nostra stessa personalità.

“ Se crediamo in ciò che facciamo,
non fermiamoci di fronte a nulla.
Molte delle cose migliori del mondo
sono state fatte
sfidando l’impossibile. ”

Dale Carnegie

L'ottimismo conduce alla conquista

Helen Keller, la donna sordo-cieca che avrebbe avuto tutti i motivi per piangere sulla propria sorte e abbandonarsi allo sconforto, disse: "L'ottimismo è quella fede che porta a una conquista; non si può fare nulla, senza speranza."

Le persone di maggior successo sono sempre state positive e fiduciose; sono andate avanti con il sorriso sulle labbra e hanno saputo prendere le vicende e i casi di questo mondo imperfetto così come venivano, mostrando di saper affrontare allo stesso modo la buona e la cattiva sorte, come si conviene agli adulti realmente maturi.

Gli ottimisti sono dotati di un'energia creativa che nessun pessimista potrà mai possedere. Non c'è niente che possa addolcire la vita e alleviarne le fatiche, niente che riesca ad attenuare i colpi delle avversità grandi e piccole, più di un atteggiamento nel suo complesso solare, fiducioso e pieno di speranza. Chi sa pensare in maniera positiva ha in mano un potere molto più grande di chi tende al pessimismo, allo scoraggiamento e alla tristezza... anche a parità di intelligenza e di capacità. Questo perché l'ottimismo agisce incessantemente come una sorta di lubrificatore delle facoltà cognitive: il suo è l'olio della letizia che scaccia via tensioni, ansie, preoccupazioni ed esperienze sgradevoli. Quindi il motore mentale dell'ottimista non si usura così in fretta come quello di chi, con le sue collere e malumori, graffia e consuma questo delicato meccanismo fino a danneggiarlo irreparabilmente.

Passare dalla negatività al pensiero positivo

Gli scettici non riescono mai a combinare nulla. In essi, infatti, non ci sono energia o qualità vitali, ma soltanto declino, sfacelo e rovina. Sono i peggiori nemici di chi insegue il successo: parlano sprezzantemente di qualsiasi cosa, si lamentano di continuo della durezza dei tempi e degli affari che vanno a rilento, della loro povertà e salute cagionevole... e così facendo riescono a circondarsi di un'aura deprimente e distruttiva che finirà per neutralizzare tutti i loro sforzi.

Le energie creative non possono sopravvivere in un'atmosfera di sfiducia e disfattismo; quindi, un simile contesto non produrrà mai nessuna impresa significativa. Di conseguenza, gli scettici sono sempre in crisi e non fanno che imbattersi in una sconfitta dopo l'altra. Perdono l'energia e la capacità di affermarsi, e vanno alla deriva, incapaci di farsi strada.

Questo tipo di persona riesce anche a smorzare le ambizioni altrui. Avvelena la vita al prossimo, lo svuota di energie, ne annienta la sicurezza e la fiducia in se stesso, fino a trasformarlo in una vittima di quelle situazioni che avrebbe voluto, invece, padroneggiare.

La capacità di agire richiede innanzitutto una solida certezza e confidenza in se stessi. Qualunque sia l'obiettivo che ci prefiggiamo, non lo raggiungeremo mai, se non siamo convinti di potercela fare. Non arriveremo alla meta, se non crediamo di avere la stoffa dei conquistatori, e se prima non compiamo l'impresa nei nostri pensieri. Se si vuole realizzare qualcosa è indispensabile un'accurata preparazione mentale: prima del successo pratico, deve esserci quello che avviene nella nostra testa.

Purtroppo, ci sono tante persone che sanno solo seminare dubbi, paure e previsioni catastrofiche ovunque vadano; e tutti questi pensieri negativi attecchiscono anche nell'animo di chi, se non fosse stato per loro, non li avrebbe neppure concepiti e, fiducioso e sereno, avrebbe potuto agire con pieno successo.

Stiamo pur certi che, se coltiviamo qualche pensiero ostile o maligno verso qualcun altro, dentro di noi c'è sicuramente qualcosa che non funziona. In tal caso dovremmo subito ordinarci: "Fermo lì! Dietrofront!" e tornare immediatamente a volgere il viso verso il sole. Ripromettiamoci che, se anche non riuscissimo a combinare niente di buono nella vita, almeno non ce ne andremo in giro a spargere i semi velenosi del malanimo.

Se scegliamo di nutrire pensieri benevoli, generosi, magnanimi e amabili verso tutti, innanzitutto riusciremo a non rattristare il prossimo e a non ostacolarlo. Inoltre diffonderemo intorno a noi un'atmosfera di serenità e contentezza anziché di cupezza e malinconia; potremo offrire sostegno ed esortazione anziché puro e semplice sconforto.

Ci sono individui che sembrano trasmettere una promessa di successo, salute, gioia, incoraggiamento e cooperazione, come se portassero con sé la luce del sole ovunque vadano. Sono le persone che, come si dice, fanno bene al cuore: attenuano le asperità della vita, alleviano i fardelli del prossimo, rincuorano gli scoraggiati e leniscono le ferite degli infortunati.

Anche noi possiamo diventare simili a loro, se impariamo a elargire benevolenza; e senza alcuna avarizia o parsimonia, bensì con spirito comprensivo e generoso. Dobbiamo apprendere come sprigionare una letizia senza riserve: mentre siamo in famiglia o camminiamo per strada; quando ci troviamo al volante, o entriamo in un negozio... insomma sempre, dappertutto.

Il sistema migliore per scacciare lontano le tenebre consiste nel riempire la nostra intera vita di luce. Questo significa tenere a bada i pensieri negativi cercando di coltivare sempre l'armonia, rinunciare all'inganno per scegliere l'onestà, respingere le brutture per accogliere la bellezza e l'amabilità, liberarsi di ogni asprezza e di ogni veleno per abbracciare sempre la dolcezza e la sincerità. Non è possibile nutrire, nello stesso momento, due sentimenti radicalmente opposti.

Dovremmo abituarci fin da giovani, o comunque il prima possibile, a cancellare subito dalla nostra mente qualsiasi pensiero sgradevole, malsano e nocivo e affrontare ogni giorno come un nuovo inizio, facendo tabula rasa del passato. Uscire via da quel "quadrato mentale" che è la nostra memoria cancellando tutti i dipinti più brutti e sostituirli con immagini armoniose, confortanti e vitali.

Frank A. era un direttore marketing di grande successo presso un'azienda di Chicago. Quando un giornalista televisivo venuto a intervistarlo gli chiese come facesse a mantenere il proprio sangue freddo nonostante le forti pressioni cui lo sottoponeva la sua attività, egli rispose che non usciva mai di casa, la mattina, senza prima essersi messo in uno stato di pace e d'armonia con il mondo intero. Se avvertiva la più piccola punta di gelosia o d'invidia, se si sentiva incline all'egoismo o alla slealtà, se non aveva l'atteggiamento giusto nei confronti del coniuge o dei propri collaboratori, be', allora era molto semplice: non andava al lavoro finché il suo pensiero e la sua mente non erano del tutto liberi da dissonanze. Disse infatti di aver scoperto che, se iniziava la giornata con la giusta disposizione d'animo verso il prossimo, allora riusciva a rendere al massimo sotto tutti gli aspetti. Mentre quando, in passato, aveva scelto di recarsi al lavoro con qualche pensiero negativo che gli occupava la mente, non solo non aveva combinato granché, ma per di più aveva reso la vita difficile agli altri, per non parlare dell'eccessivo logorio che aveva subito in prima persona.

Scegliere l'armonia anziché i contrasti

Non importa se ci sentiamo particolarmente ottimisti oppure no, dobbiamo sempre dire a noi stessi che sì, ci sentiamo positivi *sul serio*, che *vogliamo* sentirci positivi, che siamo in grado di fare del nostro meglio per agire in tal senso. Dobbiamo dichiararlo con decisione, affermarlo con energia e diventerà realtà. "Poiché," come è scritto nella Bibbia: "Come un uomo pensa nel suo cuore, così egli è."

Molte persone che magari occupano posizioni modeste in realtà posseggono capacità notevoli, ma sono così sensibili a un'atmosfera di screzi e di tensioni che non riescono a lavorare in maniera davvero efficiente. Se solo avessero qualcuno capace di guidarli, di creare progetti per loro, di tenerli al riparo dalle discordie e di aiutarli a raggiungere una maggiore armonia, questi individui sarebbero certamente in grado di conseguire risultati notevoli. Ma poiché nella maggior parte dei casi non abbiamo un simile "angelo custode", dobbiamo ottenere tutte queste abilità da soli. Non c'è nessuno che possa impararle o metterle in pratica al nostro posto. E noi non potremo realizzare nulla di davvero significativo, nella vita, se non avremo imparato a evitare le infinite trappole che intervengono a sviarci e a distoglierci dai nostri propositi. Purtroppo siamo tutti, a volte, antipatici e nervosi, ma questa non è la nostra vera natura: ci comportiamo così perché siamo stanchi o esauriti. Dobbiamo quindi saper riconoscere i momenti in cui siamo "a rischio" e cercare in tutti i modi di evitare questi atteggiamenti irritanti.

Sarà capitato a chiunque di osservare un fenomeno interessante: alcuni nostri colleghi, che dopo un anno di superlavoro erano diventati assolutamente insopportabili, al ritorno dalle vacanze appaiono del tutto trasformati, quasi fossero rinati. Certi piccoli contrattempi che prima li avrebbero fatti infuriare a sproposito, ora invece non li toccano minimamente.

Così come un ingranaggio che stride ci segnala che occorre lubrificarlo, allo stesso modo l'insorgere di contrasti e disaccordi all'interno di un gruppo è sintomo che qualcosa non funziona più bene. Un litigio al tavolo della prima colazione, o un qualsiasi battibecco mattutino, può infrangere la pace domestica per tutto il giorno, un momentaneo accesso di collera rischia di distruggere per sempre un'amicizia preziosa.

Nel corso delle nostre attività quotidiane, spesso ci costringiamo a lavorare anche quando siamo stanchi e poco in forma; quando spontaneità ed entusiasmo sono svaniti, o le nostre riserve vitali risultano pressoché esaurite. Per spronarci

“

Ricordatelo, la felicità
non dipende da chi siete
o da quanto possedete;
dipende solo e unicamente
da quello che pensate.

”

Dale Carnegie

ad andare avanti, facciamo ricorso a sostanze stimolanti o alla pura e semplice forza di volontà. Ma così esercitiamo una pressione deleteria sui nostri delicati meccanismi psicologici e fisiologici, spesso fino al punto di menomarli prematuramente, sovraffaticarli e renderli incapaci di funzionare al massimo delle loro possibilità.

È per questo che dovremmo darci una regola e riprometterci di rispettarla sempre: qualunque cosa accada, cercheremo di conservare le nostre doti di lucidità e di equilibrio. Dovremmo cercare di mantenere sempre una certa stabilità, così da essere in grado, in qualunque circostanza, di mostrare un comportamento maturo, intelligente e corretto.

In conclusione

- Tutto quello che otteniamo dalla vita, ce lo siamo prima creati a livello mentale. Così come un edificio, in tutti i suoi dettagli, è già reale e presente nella mente dell'architetto ben prima che ne sia posata la prima pietra, allo stesso modo ciascuno di noi costruisce con i propri pensieri tutto ciò che in seguito diviene realtà grazie ai nostri sforzi.
- Visualizzare il nostro scenario ideale nel modo più vivido e preciso possibile è un grosso passo avanti nella realizzazione dei propri sogni. Immaginare qualcosa che desideriamo ardentemente con tutte le forze della mente, del cuore e dell'animo, raffigurandocela come se si fosse già avverata, darà un forte impulso alla sua concretizzazione effettiva.
- Abbiamo bisogno di dire al nostro subconscio che cosa vogliamo, esattamente. Quando sappiamo qual è la nostra vera aspirazione, le sue energie ci spingeranno infallibilmente in quella direzione. Dobbiamo essere convinti che ciò che desideriamo possa avverarsi. Di più: dobbiamo essere convinti che si avvererà.

- Tutte le grandi personalità hanno sempre dimostrato un'incrollabile fiducia in se stesse, e non hanno mai messo in dubbio che prima o poi, in un modo o nell'altro, sarebbero riuscite a condurre a buon fine ciò che avevano iniziato.
- Il successo è qualcosa che si conquista prima di tutto a livello mentale. Se si parte con la testa piena di dubbi, il risultato finale non farà che confermarli. Per poter trionfare occorre coltivare una ferma fiducia e una costante sicurezza. Al contrario, un animo esitante e incerto non potrà che portare a risultati tentennanti.
- Non c'è disposizione mentale più preziosa, per le nostre vite, dell'inclinazione ad aspettarsi il meglio anziché il peggio, a dare per scontato che la spunteremo e avremo successo in tutto ciò che sceglieremo d'intraprendere.
- Il motivo per cui tante persone non riescono a coronare i propri sogni è che non sono disposte a fare ciò che serve per realizzarli. L'aspirazione, il desiderio di portare a termine un determinato progetto significa solo gettare il seme dell'ambizione. Dobbiamo corroborare la nostra intima convinzione con la sincera determinazione a fare tutto ciò che possiamo, impegnandoci attivamente per tradurre in realtà la nostra visione.
- Finché non elimineremo le parole "destino", "impossibile" e "dubbio" dal nostro vocabolario, non arriveremo da nessuna parte. Non potremo diventare forti se siamo convinti di essere deboli, e non riusciremo a essere felici, se continuiamo a rimuginare sulle nostre disgrazie, sfortune e sventure.

7.
Avere coraggio

La ferma determinazione a raggiungere dei traguardi e la forza di volontà necessaria a profondere tutto il tempo e l'impegno che servono allo scopo, a sacrificare piaceri più immediati, a lottare contro le avversità e a superare gli ostacoli e le difficoltà che s'incontreranno lungo il cammino, sono tutte doti indispensabili per chi voglia percorrere la strada della buona riuscita.

Le persone di successo hanno il coraggio di concretizzare le proprie idee, e sono pronte a investire denaro, lavoro ed energie emotive nelle iniziative in cui credono veramente.

E, anche se sanno dimostrarsi di un'audacia stupefacente, non si comportano come dei folli temerari, bensì pianificano le loro mosse con ferrea risolutezza; dopo di che, passano immediatamente all'azione.

Ognuno di noi, se desidera essere qualcosa di più che una persona mediocre, sarà per forza costretto ad assumersi dei rischi. Non è possibile "andare sempre sul sicuro". In realtà, la sicurezza è più che altro un mito. In natura non esiste, e anche tra gli uomini è in genere sconosciuta. Perciò, chi cerca di scansare ogni pericolo alla lunga potrebbe trovarsi meno al riparo di chi ha scelto di affrontare degli azzardi. Una vita degna di questo nome, del resto, non può essere che un'ardimentosa avventura.

Il grande giurista Oliver Wendell Holmes, che fu giudice della corte suprema degli Stati Uniti, si è espresso in questi termini: "La sicurezza è un'illusione, e la tranquillità non è il destino riservato all'uomo."

In tutti i campi, del resto – economia, sport o politica – a riscuotere i maggiori successi sono coloro che hanno dimostrato il proprio coraggio sfidando le difficoltà, affrontando imprese ardue e pericolose, prendendo decisioni originali: persone che hanno corso il rischio di perdere tutto, perché non hanno mai dubitato di fallire.

In realtà, la situazione più insidiosa di tutte è proprio quella di chi si lascia andare, non si prende cura di se stesso, non fa alcuno sforzo per migliorare la propria condizione... perché non c'è forza al mondo che possa soccorrerlo. Come recita il proverbio, infatti, neanche Dio può aiutare chi non s'aiuta. La scala che ci porterà in alto è la nostra determinazione ad avere successo. Sta a noi fare in modo che tutti i suoi pioli siano ben saldi.

Dobbiamo dimostrare fermezza di propositi. Se le nostre convinzioni sono soltanto superficiali, non conteremo granché, saremo persone inconsistenti; nessuno sarà disposto a concederci la sua fiducia. Perché non ne ispireremo alcuna. Se non saremo in grado di compiere scelte forti e radicate, nella vita non faremo molta strada.

Cerchiamo di affrontare ogni nuova esperienza come un'occasione per imparare qualcosa anziché come un esame in cui si può essere promossi o bocciati. È una prospettiva che ci apre nuove possibilità e sviluppa l'autostima; al contrario, se in ogni novità vediamo solo il pericolo di sbagliare, non faremo che inibire qualsiasi possibilità di crescita personale.

Lasciarsi coinvolgere

Quando Alex era un ragazzino di Chicago, lui e i suoi amici facevano un tifo sfegatato per la squadra di baseball dei Cubs. Erano al settimo cielo quando i Cubs vincevano e sprofondavano nello sconforto quando perdevano. Solo che Alex pativa queste sconfitte in modo molto più intenso rispetto ai suoi compagni. Dopo una stagione particolarmente disgraziata, Alex si disse: "Non ne vale la pena. Non tiferò più per nessuna squadra fino al punto di starci male." Da allora in poi rifiutò di appassionarsi non solo ai Cubs, ma anche a qualsiasi altra squadra e a qualsiasi altro sport.

Per di più, Alex adottò lo stesso principio in tutti gli altri campi della vita. La sua regola di condotta era: "Se non mi lascio coinvolgere più di tanto, niente riuscirà mai a farmi male." A scuola e sul lavoro, si attenne sempre a una placida via di mezzo. In effetti Alex riuscì a non soffrire mai troppo, ma non conobbe nemmeno grandi gioie. Scegliendo di non correre mai il rischio che qualcuno o qualcosa a cui teneva molto lo deludesse, senza dubbio evitò lo "strazio della sconfitta", ma d'altra parte non conobbe mai l'"esaltazione della vittoria".

Non aver paura di crederci

Il professor Robert Jarvik lavorò per anni al progetto di un cuore artificiale. Nessuno lo aveva mai fatto prima e anche i suoi colleghi, insieme a molti altri esperti, continuavano a dirgli che era un'impresa impossibile. Eppure, Jarvik non solo era disposto a correre il rischio di veder tutto il proprio lavoro risolversi in nulla, ma era anche determinato a insistere nei suoi tentativi finché non ci fosse riuscito.

Da sempre, inventori e innovatori si trovano a fronteggiare scherno e derisioni. Sappiamo che il battello a vapore di Fulton all'inizio fu soprannominato "la follia di Fulton", e anche davanti alle prime automobili la gente apostrofava i proprietari con il classico: "Ma prenditi un cavallo!" Edison passò per innumerevoli tentativi falliti prima di riuscire a ideare la lampadina. Gli inventori devono essere determinati, e disposti, a sopportare i motteggi e a superare le mille incertezze e delusioni derivanti da una sconfitta dopo l'altra, prima di riuscire a raggiungere i propri obiettivi.

Non aver paura di dissentire

Liz era preoccupata. Sembrava proprio che tutto il gruppo fosse d'accordo sul fatto che l'idea di cui si stava parlando fosse la soluzione giusta al problema in questione. Se si fosse detta contraria, gli altri magari l'avrebbero considerata una sciocca, o peggio una bastian contrario. La scelta più sicura sarebbe stata rimanersene in silenzio, ma Liz era certa che ai suoi colleghi fosse sfuggito un aspetto di estrema importanza. Così si assunse il rischio di rendersi impopolare; ma, spiegando la propria posizione, consentì alla squadra di considerare il problema da un diverso punto di vista e di scegliere una soluzione più efficace.

Come già detto, correre dei rischi non significa per forza essere imprudenti. Le persone ragionevoli assumono rischi ragionevoli, ma, per definizione, un rischio non è una garanzia di successo. I manager di alto livello si assumono rischi ogni volta che prendono una decisione; però si assicurano di massimizzare le proprie possibilità di successo attraverso ricerche e analisi scrupolose, prima di decidere. Ma alla fine, quando è il momento di fare una scelta, devono essere disposti a rischiare denaro, tempo, energie e coinvolgimento emotivo. Senza rischio, non c'è possibilità di guadagno.

Cosa può capitare nel peggiore dei casi?

Nel capitolo 1 abbiamo visto che, nel suo libro *Come vincere lo stress e cominciare a vivere* (Bompiani, Milano 2017), il consiglio di Dale Carnegie per affrontare una situazione difficile è il seguente: "Chiedetevi: 'Cosa mi può capitare nel peggiore dei casi?' Preparatevi a rassegnarvi nell'eventualità che si verifichi. Cercate di migliorare la situazione a partire dal peggio."

Dovremmo seguire anche noi questi principi, quando si tratta di decidere se valga la pena o meno di scommettere su un approccio innovativo, drastico o semplicemente diverso a una certa questione. Se vogliamo fare progressi, nel lavoro e nella vita, dobbiamo assumerci dei rischi. Un'attenta analisi della situazione potrà aiutarci a ridurre al minimo il nostro margine di errore, ma non sarà mai possibile eliminarlo del tutto. Chi non risica non rosica. E se poi scegliamo di andare sempre e soltanto sul sicuro, magari elimineremo il rischio di farci male, ma non conosceremo mai le grandi gioie e le soddisfazioni di chi è riuscito a superare tutti gli ostacoli fino a raggiungere i propri obiettivi.

Nutrire fiducia

Non possiamo sperare di aver successo se siamo timorosi, non nutriamo fiducia in noi stessi e non abbiamo il coraggio di difendere le nostre opinioni. Non potremo sempre avere la certezza che andrà tutto bene senza fare un passo che comporta qualche rischio. Quasi sempre, la causa di un fallimento è la scarsa sicurezza in se stessi. Essere convinti della propria forza è essa stessa una forza, mentre chi dubita di sé o delle proprie energie si rivelerà sempre il più debole, per quanto forte possa essere la sua posizione.

I fallimenti cui vanno incontro numerosi esercenti non sono dovuti tanto a una mancanza di *talento* imprenditoriale, quanto a una mancanza di *coraggio* imprenditoriale. Si vedono molte persone dotate di grande intuito e ottime capacità, ma hanno la disgrazia di essere troppo indecise. Si mostrano inclini ad assecondare la propria fiacca bonomia, anziché fare lo sforzo di ragionare con intelligenza. Del resto, il mondo è pieno di individui che rimangono al palo, che occupano posizioni di secondo piano e guadagnano un salario modesto, solo perché non hanno mai ritenuto che valesse la pena di diventare dei veri maestri nel settore in cui hanno scelto di lavorare.

Ci sono persone il cui scarso successo nella vita diventa un problema non solo per loro stessi, ma anche per gli altri. Sono senza dubbio dei tipi laboriosi, prudenti ed economi; eppure, dopo una vita di fatiche e di sforzi, arrivati alla vecchiaia si ritrovano comunque poveri. Accusano la propria cattiva fortuna, dicono di aver avuto un destino avverso, ma la verità è che i loro progetti sono abortiti perché essi hanno scambiato la pura e semplice operosità per autentica energia. Confondendo due realtà molto diverse, costoro credono che, se si tengono costantemente occupate, allora significa che stanno senz'altro accrescendo le proprie fortune... ma dimenticano che l'industriosità male indirizzata si traduce in un semplice spreco di risorse.

È il coraggio a trasformare i sogni in realtà

Uno dei motivi per cui molti non riescono a raggiungere i traguardi che si sono prefissati sta nel fatto che queste persone sembrano considerare le proprie ambizioni e desideri come se fossero più che altro delle incantevoli fantasie, certo molto attraenti, ma che hanno ben poco a che fare con il mondo reale. Costoro non prenderanno mai troppo sul serio quella che dovrebbe essere la loro missione nella vita, e di conseguenza non svilupperanno mai del tutto i propri talenti. A quanto pare non riescono a comprendere che, per trasformare i sogni in realtà, dovrebbero assumere in prima persona un impegno chiaro ed energico. Eppure è proprio questo, alla fin fine, il compito che siamo chiamati a svolgere su questo pianeta. Non siamo, infatti, delle semplici schegge di universo, isolate e chiuse a tutto il resto, che sono finite qui per puro caso. Chi ha fiducia in se stesso sa bene che, grazie alle capacità di cui è dotato, potrà rendere concreti i propri desideri.

Abraham Lincoln era un uomo senza pretese e di grande modestia. Quando nel Nord si avvertirono le prime avvisaglie di guerra civile, all'approssimarsi delle elezioni presidenziali egli si fece avanti per proporre la propria candidatura a leader della nazione. Ai politici che stavano cercando l'uomo adatto per quell'altissima posizione, Lincoln domandò perché mai non lo avessero ancora preso in considerazione. Disse che si sentiva dotato di tutta l'energia necessaria a guidare il paese attraverso la crisi incombente, e che era sicuro di venire eletto. Pronunciate da una persona meno modesta, parole come le sue sarebbero sembrate una spacconata, ma le intenzioni di Lincoln erano cristalline; dunque la sua fiducia, fondata su quelle doti che lo rendevano così perfettamente adeguato al compito, ebbe l'effetto di portarlo al successo.

Le personalità che hanno fatto la storia hanno sempre dimostrato una profonda dedizione alla missione che si sentivano di dover realizzare nella vita. Hanno creduto nella propria visione e nel ruolo che erano chiamati a svolgere. Hanno ritenuto che le loro aspirazioni rappresentassero una profezia, che fossero l'anticipazione di qualcosa che sarebbe accaduto, anziché un puro capriccio della fantasia.

In altre parole, coloro che hanno avuto una vita riuscita hanno sempre confidato fermamente nel fato a loro assegnato. L'atteggiamento di persone siffatte ci colpisce per la fiducia che hanno nutrito nel proprio potere. Chi crede nel suo destino sembra possedere una misteriosa qualità che attira infallibilmente il rispetto e l'ossequio di tutti. È il mondo stesso a cedere il passo a chi è convinto d'essere nato per recitare una parte da protagonista nel grande teatro dell'umanità.

Il coraggio civile di Lech Wałęsa

Uno dei più fulgidi esempi di coraggio dei tempi recenti è quello che è stato offerto dal leader polacco Lech Wałęsa. Shakespeare ha detto che alcuni nascono grandi, altri conquistano la grandezza, e altri se la vedono imporre dall'alto. Quest'ultimo è stato appunto il caso di Lech Wałęsa, un uomo che sembrò sorgere dal nulla per guidare il suo popolo nella lotta contro l'oppressione sovietica, in un momento in cui nessun altro leader, in Polonia, pareva in grado di tenere testa al potere di Mosca.

Elettricista qualificato ai Cantieri Lenin di Danzica, fu tra i primi a organizzare proteste contro il governo comunista di Varsavia, all'epoca così asservito all'Unione Sovietica da aver ridotto la Polonia a poco più di uno stato fantoccio. Oltretutto, da fervente cattolico, Wałęsa deprecava la persecuzione della chiesa messa in opera dai comunisti.

Naturalmente, Wałęsa non era solo. In larga maggioranza, anche i suoi colleghi erano profondamente delusi da quello che era stato definito un "paradiso dei lavoratori", e tra gli operai dei cantieri navali il malcontento si stava facendo sempre più profondo. Così, i membri del sindacato dettero vita a un gruppo, in un primo tempo segreto, che chiamarono Solidarność, "solidarietà" – un termine che costituiva una delle classiche parole d'ordine del movimento sindacale e che tradizionalmente indicava un fronte unito di proletari contro i capitalisti. Ma ora l'espressione acquistava un nuovo significato, quello di una coalizione di lavoratori contrapposta alle autorità comuniste. E Wałęsa ne divenne il leader.

Perché accettò questa pesantissima responsabilità? Era ben consapevole di rischiare l'arresto, il carcere, forse maltrattamenti e torture da parte della polizia, e nel peggiore dei casi anche la morte. Sapeva inoltre di esporre al pericolo la propria famiglia.

Quando, molti anni dopo, gli venne chiesto se non avesse avuto timore, Wałęsa ammise che sì, ne aveva avuto parecchio, ma d'altra parte si era reso conto che qualcuno doveva pur mettersi a capo del movimento. Aveva ripensato alle parole di uno degli uomini che rispettava di più, Giovanni Paolo II. "Non abbiate paura!" era stato il monito del papa. E Wałęsa obbedì all'energica esortazione del pontefice.

Incarcerazione e rilascio

Fedele a questa missione, Wałęsa fece il suo ingresso nella storia. La sua indomita presa di posizione ai cantieri di Danzica lo portò al centro dell'attenzione mediatica mondiale. Ma comportò anche una serie di persecuzioni che misero alla prova il suo coraggio. Nel 1981 il capo di stato Jaruzelski proclamò la legge marziale; Wałęsa venne imprigionato e rimase in cella per undici mesi in una regione periferica del paese.

Quando fu infine scarcerato, trovò ad attenderlo una folla di millecinquecento persone che si era radunata sotto il suo condominio per dargli il bentornato. L'emozione suscitata da questa liberazione lungamente attesa dimostrava che Wałęsa era ancora un leader carismatico e che, piacesse o meno alle autorità comuniste, in Polonia egli disponeva di un'enorme forza politica.

In quell'occasione egli promise ai suoi sostenitori: "In futuro la mia condotta sarà coraggiosa ma anche prudente, senza che ciò comporti alcun compromesso. Continuerò a parlare e ad agire, non certo in ginocchio, ma con accortezza."

Negli anni successivi sia lui sia la moglie Danuta subirono frequenti molestie dalla polizia, furono sottoposti a vari interrogatori e a volte trattenuti per diversi giorni, ma Wałęsa aveva smesso di temere le ritorsioni governative. Dopo essersi incontrato con altri leader di Solidarność, venne di nuovo arrestato e minacciato di un'ulteriore pena detentiva, ma alla

“

Abbiamo tutti
molto più coraggio
di quanto ci siamo
mai sognati di possedere.

”

Dale Carnegie

fine il governo polacco si mostrò riluttante a spingersi troppo oltre. Dopo il rilascio, Wałęsa spiegò ai giornalisti che durante l'interrogatorio gli era stato ordinato di non incontrare più altri rappresentanti del movimento e poi aggiunse, con atteggiamento di sfida: "Ma lo farò ancora. Parteciperò a un'altra riunione."

Il Nobel per la pace

Nel 1983 Wałęsa ricevette il premio Nobel per la pace. Il coraggio di cui aveva dato prova sfidando il potente governo comunista suscitò il plauso e gli elogi dell'opinione pubblica internazionale. Ronald Reagan lo definì come "la vittoria della forza morale sulla forza bruta." Giovanni Paolo II, che in occasione del primo viaggio nella sua patria (1979) aveva contribuito a promuovere il movimento di Solidarność, inviò un telegramma di congratulazioni in cui sottolineava il "particolare significato" del Nobel. Nella motivazione ufficiale, i cinque membri del comitato norvegese del Nobel per la pace celebravano la lotta di Wałęsa in favore del "diritto dei lavoratori di costituire organizzazioni autonome," aggiungendo che "una campagna per i diritti umani è una campagna per la pace."

Il coraggioso operato di Lech Wałęsa contribuì in modo significativo alla caduta del governo comunista polacco, una volta venuto meno il sostegno dell'Unione Sovietica. Nel 1990 Lech Wałęsa, il coraggioso elettricista di Danzica, divenne il primo presidente liberamente eletto della Polonia.

Che cosa può insegnarci la vicenda di Wałęsa

- Indipendentemente dall'umiltà delle nostre origini, se avremo il coraggio e la determinazione di perseguire i nostri obiettivi non ci sarà nulla che potrà fermarci.

- Come Wałęsa, anche noi possiamo essere i depositari di una "grandezza imposta dall'alto". In questo caso la sfida non consisterà nel combattere l'oppressione, ma più modestamente nella ricerca del successo nella vita di tutti i giorni. Lo spunto potrebbe essere offerto dall'avvio di un'attività indipendente, oppure dalla conquista di nuovi "territori" di vendita finora inesplorati. È naturale sentirsi intimoriti dai rischi e dalle possibili conseguenze, ma se avremo sufficiente fiducia in noi stessi potremo superare gli ostacoli e riuscire nell'intento.

Mostrarsi superiori

Barry e Leon avevano perso il lavoro, insieme ad alcuni altri colleghi, quando l'azienda di Milwaukee in cui erano impiegati aveva proceduto a una riduzione del personale. Per Leon il licenziamento fu un duro colpo e un grossissimo dispiacere e glielo si leggeva bene in faccia, essendo diventato il ritratto della depressione. A guardarlo, si sarebbe detto che avesse appena perduto allo stesso tempo il suo amico più affezionato e l'ultimo centesimo a disposizione. Spalle curve e passo strascicato, perfino i suoi abiti accusavano il colpo: erano tutti spiegazzati e non sempre immacolati. Recriminava di essere nato sotto una cattiva stella; aveva lavorato per anni in quell'azienda e si era sempre dimostrato un collaboratore fedele e leale, attivo e diligente… eppure, non ci avevano pensato due volte prima di lasciarlo a casa. Secondo lui non aveva neppure senso cercarsi un nuovo incarico da qualche altra parte, perché, sosteneva, se non era riuscito ad affermarsi in un ambito che conosceva bene, non vedeva come avrebbe potuto farcela in qualsiasi altro. Iniziò a convincersi di essere un fallito. Questa idea prese possesso della sua mente, tanto che arrivò a credere di essere da sempre una di quelle persone condannate all'insuccesso fin dal principio. In breve, era evidente che quest'uomo, benché giovane, fosse devastato da un demoralizzante e pervasivo sconforto.

Per contro, Barry reagì alla perdita del posto in modo diametralmente opposto. Ogni mattina, alzandosi, affrontava la giornata come se andasse incontro a una nuova opportunità. Continuava a vestirsi con cura ed eleganza, come qualcuno che si sta recando in ufficio. In volto non mostrava alcuna traccia di sconfitta; anzi, tutto il suo aspetto trasmetteva un atteggiamento da vincente. Negli occhi aveva una luce di determinazione, quasi di sfida. Aveva un'aria così allegra e soddisfatta che gli amici pensarono che avesse già trovato un nuovo lavoro, e per di più con una posizione invidiabile. Invece lui li informò che era ancora alla ricerca di un'occupazione; però disse anche di essere più che sicuro che ne avrebbe trovata una di lì a breve, e anche molto migliore di quella che aveva perduto. Dichiarò – senza alcuna spavalderia, ma con aria di tranquilla convinzione – che avrebbe dimostrato ai suoi vecchi capi che si erano lasciati scappare un elemento prezioso, e aggiunse di non aver alcuna intenzione di restare per tutta la vita un impiegato o alle dipendenze di qualcuno: auspicava di arrivare in cima, di essere ben presto lui a fornire opportunità professionali ad altri, e di poter presto sfoggiare il proprio successo sotto il naso della sua ex ditta.

Barry si mise in affari per conto proprio e la sua attività divenne molto più fiorente di quanto fosse mai stata quella del precedente datore di lavoro. Non c'è dubbio che fra qualche tempo si troverà a capo di un'impresa che sarà cresciuta ulteriormente, dimostrando di possedere capacità imprenditoriali e doti di energia, iniziativa, inventiva e intraprendenza molto maggiori rispetto a quanto la sua vecchia azienda gli aveva riconosciuto.

Ora, la differenza tra questi due giovani impiegati è in pratica la stessa che distingue un trionfatore da uno sconfitto.

Il primo è una persona che, dopo che un colpo l'ha atterrata, si rialza e si mostra più determinata che mai; un individuo che, incontrata una difficoltà o una crisi, anche grave, reagisce mobilitando tutte le proprie risorse. Costoro non si lasciano impressionare più di tanto da un temporaneo insuccesso: lo considerano un semplice episodio all'interno della loro vicenda complessiva.

Il coraggio imprenditoriale di Richard Branson

Richard Branson, l'imprenditore che aveva rivoluzionato l'industria musicale con la creazione della Virgin Records, era alla ricerca di nuove sfide. Nel 1984 vendette la sua società e decise di lanciarsi in un settore del tutto diverso, dando vita alla Virgin Atlantic Airways. Perché scelse di orientarsi proprio su una compagnia aerea? Per via della sua attività di discografico, Branson viaggiava moltissimo ed era rimasto più volte deluso dal mediocre servizio offerto dalla maggior parte delle linee con cui aveva volato. Quindi aveva trovato particolarmente interessante l'idea di mettere in piedi una compagnia aerea capace di soddisfare davvero le esigenze dei clienti. Come fanno molti uomini d'affari, trasse spunto da ciò che aveva sperimentato in veste di cliente per creare una nuova impresa. Si trattava certamente di un'iniziativa audace, dal momento che all'epoca Branson non sapeva quasi nulla in materia di aviolinee. Per contro, era ormai più che ferrato nel mestiere d'imprenditore.

Per renderla appetibile agli occhi del pubblico, puntò su una compagnia che fosse piccola e libera da eccessivi intralci burocratici, proponendo voli a tariffe contenute che collegavano l'aeroporto di Newark, presso New York, a quello londinese di Gatwick. Come per la Virgin Records, che offriva prodotti a prezzi convenienti, anche con la nuova linea Branson metteva a disposizione collegamenti aerei con biglietti economici, attirando soprattutto viaggiatori giovani e interessati a risparmiare.

Per tutto il resto, la sua strategia fu abbastanza semplice: creare una compagnia con la quale sarebbe stato felice di viaggiare lui stesso. Sappiamo che molte persone prima o poi concepiscono idee del genere, ma solo gli imprenditori davvero capaci hanno poi l'audacia di procedere alla realizzazione concreta delle proprie intuizioni. Branson era, appunto, un uomo d'affari di levatura adeguata. Furono in molti a pensare che non avesse alcuna chance di affermarsi, trovandosi a competere con un colosso come la British Airways... ma questo non lo scoraggiò, anzi lo indusse a procedere con maggior determinazione.

La Virgin Atlantic dovette superare ben sette anni di perdite costanti e gravose, prima di cominciare a registrare i primi profitti. Nonostante le banche e gli amici gli consigliassero caldamente di abbandonare l'impresa prima di perderci tutto il suo denaro, Branson si ostinò a proseguire. Tanto che, quando un giornalista gli domandò come si faceva a diventare multimilionari, il magnate rispose con una battuta: "Vede, un multimilionario è, in pratica, un multimiliardario che ha scelto di investire in una compagnia aerea."

Oggi, la Virgin Atlantic offre collegamenti aerei con diverse grandi città del mondo ed è una società assai redditizia. Al momento è tra i principali vettori internazionali a lungo raggio della Gran Bretagna e possiede una flotta di Boeing 747 e Airbus A340. Serve destinazioni quali New York, Miami, Boston, Los Angeles, Orlando, San Francisco, Hong Kong, Atene e Tokyo.

Del resto, Branson ha dimostrato di essere coraggioso anche al di fuori della vita professionale: ha infatti partecipato a diverse competizioni nautiche e in mongolfiera, stabilendo addirittura alcuni record.

- Per conquistare il successo, non sempre è indispensabile inventare un nuovo prodotto o un nuovo servizio. Branson ha analizzato il mercato e ha scelto di impegnarsi in settori che erano di per sé già maturi, ma nei quali era convinto di poter offrire un servizio di miglior qualità, più efficiente o più conveniente.

- Per avere successo è necessario mettersi in gioco. Branson si è assunto dei rischi in tutte le iniziative che ha intrapreso, e il più macroscopico è stato appunto quello di entrare in competizione con la ricca e affermata British Airways. Tuttavia egli ha individuato una nicchia che la BA aveva fino ad allora trascurato e in cui si è inserita la sua Virgin Atlantic, con un'offerta migliore e a tariffe più ridotte.

- Branson ha avuto il coraggio di difendere le proprie opinioni: era convinto che la sua idea si sarebbe rivelata vincente e ha rifiutato di arrendersi – anche se gli è costato anni di perdite finanziarie – finché finalmente non ha raggiunto il successo.

- Se pensiamo di lanciarci in una nuova iniziativa o se abbiamo già un'attività indipendente da portare avanti, ci converrà seguire l'esempio di Branson. Se siamo davvero convinti della validità del nostro prodotto o servizio, dovremmo avere la tenacia di affrontare anche i mercati più competitivi. Tuttavia, ricordiamoci che Branson non stava tirando a indovinare. Era disposto ad assumersi dei rischi, sì, ma ben calcolati, cioè fondati su un'accurata analisi della situazione. Prendeva in considerazione i pro e i contro, e sceglieva di affrontare un'incognita solo se riteneva che le possibilità fossero a suo favore.

Quel che non è esercitato va perduto

Uno dei motivi per cui sono così tanti i lavoratori che non fanno carriera è che a un certo punto smettono di provarci. Sono persone che forse non hanno mai davvero coltivato i propri propositi, o forse non hanno saputo alimentarli con il carburante giusto, quello che non solo ne avrebbe mantenuto il fuoco, ma l'avrebbe fatto divampare più luminoso e intenso. Se la spinta delle ambizioni viene meno quando si è ancora giovani, il fenomeno è sintomo di un declino precoce che interessa l'individuo nella sua interezza. L'indebolimento delle aspirazioni, infatti, rappresenta anche la fine della determinazione e del coraggio.

Per contro, chi sa mantenere ben viva, in gioventù, la fiamma dell'ambizione e s'impegna a custodire il proprio ideale non potrà che ottenere successi. Mentre coloro che li lasciano appassire e svanire in breve tempo non andranno lontano. Molti, da giovani, erano certi che si sarebbero ben presto trovati a capo di una grande azienda, ma poi non hanno fatto nulla per alimentare questa loro convinzione e così oggi occupano ruoli qualsiasi, senza essere di grande utilità né a se stessi né alla società nel suo complesso.

A prescindere da quanto sia spiccato o ben definito il proprio talento, va ricordato che, se non verrà curato ed esercitato, non potrà che deteriorarsi. È una legge di natura che vale un po' in tutti i casi; che si tratti di una dote particolare, dell'ambizione a migliorarsi o del seme di una pianta, il discorso è sempre lo stesso: tutto ciò che non viene allenato, accudito e coltivato si guasta in fretta, finché non va perduto.

Puntare alla riuscita

Se siamo seriamente convinti a trionfare, allora tutto ciò che ci riguarda deve parlare la lingua della riuscita. Dobbiamo esprimerla nel nostro modo di comportarci e vestirci, nel nostro portamento e nel nostro eloquio. In sostanza, tutto ciò che facciamo dovrà comunicare una sensazione di vittoria e successo.

Se vogliamo iniziare ogni nuovo giorno con la giusta determinazione a farcela, sarà di grande aiuto lasciarsi invadere la mente da sensazioni improntate a prosperità e armonia, vuoi ripetendo formule prefissate (come consigliano alcuni), vuoi focalizzandoci sugli obiettivi che intendiamo raggiungere. In questo modo, sarà molto più difficile che pensieri negativi e conflittuali interferiscano con il nostro operato quotidiano. Se poi siamo in qualche misura inclini a dubitare delle nostre capacità, anche solo in un ambito specifico, dovremo allenarci a restar concentrati su questo concetto: noi avremo il coraggio di andare avanti comunque, con tenacia e fermezza. Sarà la certezza di possedere già tutte le necessarie risorse di energia, sicurezza e fiducia in noi stessi (e nella nostra serietà), oltre al nostro inflessibile valore, a darci la forza di affrontare con vigore e disinvoltura i compiti che ci spettano.

Scopriremo così che questa abitudine a prospettarci sempre scenari positivi avrà l'effetto di modificare radicalmente il nostro modo di vedere le cose. Riusciremo ad affrontare i problemi da un punto di vista completamente diverso, e la vita stessa assumerà nuovo significato. Un simile atteggiamento ci metterà in sintonia con quanti ci circondano e ci renderà persone più soddisfatte e serene. Ci aiuterà a rafforzare il carattere e a diventare più volitivi, ci permetterà di pensare più lucidamente e in maniera più efficace. Mantenere gli ingranaggi mentali in ordine e ben oliati consente di riflettere in modo produttivo e di agire con determinazione.

Trovare più coraggio e sconfiggere le proprie paure

Se c'è qualche qualità che non possediamo in quantità sufficiente, potremo rafforzarla proprio grazie a questa costante enunciazione di messaggi positivi. Se, per esempio, esiste un ambito in cui non dimostriamo abbastanza coraggio (e questo è vero praticamente per tutti), potremo accrescerlo dichiarando a noi stessi che siamo forti, impavidi, valorosi e che nulla potrà farci del male. Essere spaventati significa semplicemente avere la percezione di un pericolo, ma quando si ha la più completa fiducia nelle proprie capacità in realtà non vi è motivo di temere alcunché.

Nei momenti in cui ci sentiamo invadere dalle prime avvisaglie di angoscia, dobbiamo ripeterci: "Io sono una persona molto coraggiosa; non c'è nulla da temere; la paura è di fatto inconsistente, non è concreta, non corrisponde alla realtà delle cose. Non è altro che assenza di coraggio, privata della conoscenza utile per raggiungere gli obiettivi." Emerson era assai consapevole del valore di questo sistema, quando consigliava: "Sosteniamoci con incessanti affermazioni. Non lagniamoci per quanto vi è di male, ma innalziamo un cantico per la bellezza del bene."

Scegliamo di chiudere la mente a tutto ciò che non vorremmo veder concretizzarsi nella nostra vita. Scansiamo tutti i ragionamenti tossici, le idee che ci scoraggiano e ci rendono tristi, con la stessa reazione istintiva con cui schiveremmo un colpo. Dovremo bandire ogni pensiero disarmonico e cupo, ogni riflessione intrisa d'infelicità e d'impotenza, per rimpiazzarli con concetti ispirati a speranza, vitalità e ottimismo. Una buona abitudine che dovremmo acquisire consiste nello spostare l'attenzione su un argomento che ci risulta particolarmente gradito e piacevole, e soffermarci su quello, oppure concentrarci su una sorta di parola o idea "magica" capace di infonderci gioia, serenità e armonia. Resteremo sorpresi dalla rapidità con cui queste semplici tecniche riusciranno a modificare il corso delle nostre cogitazioni. Una volta mutato l'atteggiamento mentale, cambieranno di conseguenza anche gli stati d'animo: ci sentiremo più coraggiosi e sicuri, il che significa aver già vinto metà della battaglia.

Il dialogo interiore

Come abbiamo visto nel capitolo 1 di questo libro, quando ci sentiamo invadere da un senso di paura e sconforto possiamo ritrovare la grinta rivolgendo a noi stessi un discorso d'incoraggiamento. Il dialogo interiore è semplicemente una tecnica per formulare un ragionamento in grado di reggere a ogni obiezione grazie alle solide prove su cui si fonda. Più queste saranno salde e convincenti, più l'argomentazione risulterà credibile ed efficace. Si tratta di un discorso che tutti noi dovremmo rivolgerci, di tanto in tanto. È infatti un sistema molto utile per riprendere il comando dell'unica cosa che potremo mai dire di controllare davvero: la nostra predisposizione mentale.

Prendere una decisione e agire senza indugi

L'esitazione è uno dei principali fattori che rischiano di condurci all'insuccesso, o quanto meno a esiti deludenti. Molti imprenditori sono riusciti a costruire le loro fortune proprio per aver saputo decidere in fretta, esattamente nel momento più adatto, di assumersi un rischio importante. Per contro, molti fallimenti sono dovuti a iniziative mal ponderate e a tentennamenti inopportuni. Le persone determinate, che sanno come vogliono agire e lo fanno, vanno sempre avanti; mentre gli indecisi, per quante frecce possano avere al loro arco, finiscono per rimanere indietro.

Se siamo di indole titubante e abituati a esitare, a riflettere mille volte su ogni singola mossa, valutando e rivalutando tutti i fattori, senza mai sapere bene come intendiamo esattamente procedere, allora non potremo mai occupare ruoli di responsabilità. Un leader non è fatto di questa stoffa: per quanti

“L’inerzia moltiplica incertezze e timori.
L’azione moltiplica sicurezza e coraggio.
Se volete vincere la paura, non statevene
lì fermi a pensarci sopra:
uscite e datevi da fare.”

Dale Carnegie

difetti possa avere, è qualcuno consapevole di ciò che pensa e vuole o meglio: lo sa, e punta direttamente a realizzarlo. Potrà compiere alcuni sbagli o incorrere in qualche grave insuccesso di tanto in tanto, ma in tal caso si rimetterà subito in piedi e insisterà nei propri sforzi.

Chi sa adottare decisioni tempestive, del resto, può permettersi di commettere errori: per quanti essi siano, andrà comunque avanti più in fretta di chi è indeciso, titubante e talmente timoroso di sbagliare che non osa prendere la benché minima iniziativa. Chi aspetta di avere prima tutte le garanzie è un po' come il nuotatore timido, fermo sulla sponda del fiume in attesa che qualcuno lo butti dentro con una spinta: non arriverà mai all'altra riva.

Eppure sono davvero molti coloro che, a quanto pare, hanno una paura tremenda di fare delle scelte. Non hanno il coraggio di assumersi questa responsabilità, perché non conoscono le conseguenze che potrebbero derivarne. Temono che, se optassero per una risoluzione oggi, domani potrebbe presentarsi un'opportunità migliore che li indurrebbe a pentirsi della decisione già presa. Questi irresoluti cronici si fidano talmente poco di se stessi che non osano mettere in atto nessuna soluzione minimamente rilevante. E spesso con questa continua insicurezza finiscono perfino per guastare le proprie, a volte anche ragguardevoli, capacità mentali.

Non esiste forma verbale che possegga maggior potenza ed efficacia di un semplice "lo farò." Pronunciata in tono fermo e sonoro, è una formula che comunica profondità e solidità, decisione, sicurezza, determinazione, vigore e carattere. È un'espressione che parla di trionfo sulle difficoltà, di timori debellati, della capacità di promettere e della forza di agire, di imprese ardite e coraggiose, di aspirazioni illimitate, e di tutte quelle sane energie che permettono di superare gli ostacoli incontrati sulla strada verso il progresso.

In conclusione

- Se la fiducia, in noi stessi e nella missione, è l'elemento predominante della nostra vita, nulla potrà intimidirci né impedirci di conseguire il successo. Indipendentemente dalle debolezze, difetti o lacune che potremmo avere, una simile tenacia ci regalerà la certezza di riuscire a realizzare fino in fondo ciò che abbiamo intrapreso.
- A prescindere da quanto sia spiccato o ben definito il proprio talento, se non lo si allena con costanza finirà per deteriorarsi. È una legge di natura che vale per qualsiasi cosa: tutto ciò che non viene esercitato va perduto. Si tratta di una regola che non è possibile ignorare né eludere.
- Riconoscere il potere dell'affermazione – l'abitudine a ricordare e dichiarare sempre che noi siamo ciò che vogliamo e che possiamo portare a termine ciò che abbiamo deciso di fare – ci rivoluzionerà la vita in profondità, eviterà non pochi turbamenti e crisi, e ci aiuterà a conseguire vittorie che credevamo al di fuori della nostra portata.
- È difficile riuscire in qualcosa, se in un modo o nell'altro non ci si convince di essere perfettamente in grado di realizzare fino in fondo ciò che si è intrapreso.
- Il più grande nemico del successo è la pura e semplice pigrizia.
- Esitare nel prendere decisioni conduce al fallimento, o quantomeno a un successo soltanto parziale.
- Le circostanze avverse stimolano a raddoppiare le energie. Le difficoltà aiutano ad acquisire maggiore resistenza. Riuscire a superare un ostacolo permetterà di oltrepassare più facilmente al successivo.
- Timori e incertezze, pessimismo e sconforto avvelenano la nostra vitalità alla radice. Ci privano di energie, entusiasmo, ambizione, speranza e fiducia – in breve, di tutto ciò che rende grande, fiorente e fertile la vita. Perciò, coltiviamo

soltanto le qualità mentali in grado di sostenere l'ambizione, quelle che possono aiutarci a realizzare i nostri sogni e ideali e a concretizzare la nostra visione.

- Gli esseri umani sono fatti per realizzare qualche cosa, nel corso dell'esistenza. Nella vita non c'è nulla che possa sostituire il valore di un compito portato a termine degnamente. E non c'è autentica felicità che possa prescindere dalla realizzazione di un obiettivo meritorio.
- Per diventare maratoneti bisogna mettersi a correre; per essere ottimi nuotatori bisogna innanzitutto entrare in acqua. Per imparare a essere indomiti, bisogna iniziare a dimostrare coraggio nella vita di tutti i giorni. Seguendo l'esempio di leader audaci come Lech Wałęsa e Richard Branson, si può apprendere come affrontare con più determinazione le sfide che si incontreranno.

8.
Vincere la paura di fallire

Tante volte abbiamo paura di tentare nuovi progetti, nuove avventure imprenditoriali o semplicemente soluzioni inedite per i nostri problemi, perché temiamo di fallire. Aver paura di sbagliare è umano. Certo, preferiremmo tutti non conoscere mai il dispiacere della sconfitta, ma d'altra parte un'iniziativa non potrà mai andare a buon fine se non viene neppure sperimentata, e ogni tentativo comporta pur sempre il rischio di un insuccesso.

Sbagliando si impara

Tutti abbiamo conosciuto l'insuccesso più volte, nelle molte iniziative che ci sarà capitato di prendere nel corso della vita; ma abbiamo appreso dai nostri errori e utilizziamo ciò che abbiamo imparato per riuscire a superarli. La prima volta che si affronta qualcosa di nuovo, è probabile che non ci si riesca. Quando la piccola Tricia cercò di comporre il suo primo puzzle, finì col mettersi a piangere per la frustrazione. Tutti quei pezzi non volevano proprio saperne di incastrarsi l'uno con l'altro... Ma alla fine, con un po' di pazienza e un piccolo aiuto da parte della mamma, la bimba iniziò a capire come procedere e in breve riuscì a trasformare i primi errori in un completo successo. La prima volta che Johnny si è trovato davanti al lanciatore in una partita di baseball, non è arrivato neanche vicino a colpire la palla. E ha continuato a mancare un tiro dopo l'altro, finché non ha iniziato a prenderci la mano e infine ha capito come doveva fare per mettere a segno una battuta ben riuscita.

Insistere e perseverare

Anche se possediamo una solida esperienza e ottime competenze, non tutte le nostre iniziative possono andare a buon fine. Ci capiterà di sbagliare e di fallire in qualcosa, accadrà per forza, se però impariamo a gestire la sconfitta in maniera costruttiva, il più delle volte riusciremo a trasformare anche i nostri rovesci in altrettanti successi.

R.H. Macy fu costretto a chiudere i primi sette empori che aveva avviato, ma anziché ritirarsi dagli affari considerandosi un "perdente", insistette lungo la stessa linea e diventò uno dei maggiori imprenditori della grande distribuzione statunitense. Durante la sua carriera, Babe Ruth venne eliminato più di 1400 volte, ma nessuno se ne ricorda nemmeno più, grazie ai suoi 714 fuoricampo.

Identificare la causa

Thomas Edison non si arrendeva mai, ma la perseveranza, da sola, non basta. Ogni volta che uno dei suoi esperimenti non riusciva, analizzava con attenzione le ragioni che potevano averne causato l'insuccesso e cercava le soluzioni più adeguate. A quanto sembra, Edison dovette passare per un migliaio di tentativi falliti, prima di riuscire a creare il filamento giusto per far funzionare una lampadina.

Ma non sono soltanto i grandi inventori o i campioni sportivi a dover affrontare e superare risultati negativi e delusioni.

Noi tutti sperimenteremo qualche insuccesso, una volta o l'altra, nella vita professionale o personale, quindi dobbiamo essere preparati a gestirli e a superarli.

Justine era sulle spine. Era sicura che le modifiche da lei suggerite avrebbero contribuito a sveltire le procedure di elaborazione delle buste paga, e invece con suo grande sconcerto le avevano addirittura rallentate. I rimproveri del suo capo, poi, l'avevano convinta ancor più di avere combinato solo un gran pasticcio. Ma anziché gettare la spugna, decise di provare a capire il motivo preciso per cui la sua idea non aveva funzionato. Così ebbe modo di verificare che il concetto di base, di per sé, era perfettamente valido; dunque, probabilmente, c'era stato qualche errore di attuazione. Alla fine, bastò adeguare la formazione degli addetti alla nuova procedura e quello che sulle prime era sembrato un flop si trasformò in un pieno successo.

Minimizzare il rischio

Tutte le nuove intuizioni sono di per sé rischiose. Se un'idea non ha funzionato in passato, probabilmente non lo farà adesso. Quando Paul elaborò un inedito piano di marketing per il lancio di un nuovo prodotto aziendale, fu il primo ad ammettere che vi erano molte incognite che avrebbero potuto pregiudicarne il risultato.

Per individuare i potenziali ostacoli, decise di organizzare un lancio di prova in tre singole città, prima di mettere a punto il progetto definitivo per la distribuzione nazionale. Ognuno dei test mise in luce alcune aree potenzialmente problematiche, alle quali Paul poté lavorare, individuando le soluzioni più opportune. Così, quando venne il momento di lanciare il prodotto sul mercato nazionale, quasi tutti i difetti del piano originario erano stati identificati e corretti, aumentandone notevolmente le possibilità di successo.

Cercare soluzioni alternative

Se l'inedito programma elaborato da Peter non avesse funzionato, e in fretta, l'azienda si sarebbe trovata in serie difficoltà. Era certo che la sua idea fosse buona, però era anche nuova e non era mai stata sperimentata prima. Se si fosse rivelato un insuccesso, non ci sarebbe stato neppure il tempo di capirne le ragioni e apportare le correzioni opportune. Bisognava andare a colpo sicuro.

Per tutelare se stesso e la compagnia, nel caso in cui il nuovo programma avesse causato problemi, Peter preparò anche una soluzione alternativa, meno innovativa e presumibilmente meno efficace di quella originaria, ma che potesse comunque andar bene come rimedio temporaneo. Così, se il piano di base non avesse funzionato, perlomeno il problema sarebbe stato sotto controllo. Dopo di che, avrebbero potuto analizzare con calma i motivi dell'insuccesso e prendere i provvedimenti necessari per garantirne l'esito positivo in futuro.

Le armi psicologiche per favorire la riuscita

Ogni volta che un progetto o un'idea falliscono, è facile sentirsi depressi e scoraggiati, a volte fino al punto di gettare prematuramente la spugna. In realtà, dobbiamo tener presente che un errore può capitare a chiunque, e che prima o poi tutti si trovano ad affrontare una sconfitta.

Andrea era affranta: era così sicura che le sue proposte avrebbero risolto la situazione! E invece, a dispetto di tutti i suoi sforzi, non avevano funzionato per niente. "Sono un disastro," pensava, "non sono proprio all'altezza di una sfida di questo tipo." Se questo suo atteggiamento si rivelasse duraturo, non solo la renderebbe infelice, ma le impedirebbe anche di riflettere lucidamente per elaborare soluzioni alternative al problema che sta cercando di affrontare.

Dobbiamo imparare ad accettare che tutti noi sbagliamo, qualche volta, e che non c'è nulla di cui vergognarsi. Rivolgersi un discorso d'incoraggiamento interiore aiuterà a tenere a mente che provare qualcosa di nuovo comporta sempre un margine di errore, ma se non si sperimenta di continuo si rischia di rimanere indietro.

Ricordiamo tutti i successi che abbiamo conseguito – spesso, dopo aver sbagliato più volte – e continuiamo a ripeterci che, se ce l'abbiamo fatta in passato, di sicuro ce la faremo ancora. La sconfitta è una condizione temporanea. Lo abbiamo superato in passato e lo supereremo anche questa volta, per progredire verso nuovi traguardi.

Sostenere i collaboratori dopo un insuccesso

Manager e supervisori hanno una responsabilità in più: devono saper gestire nel modo più opportuno gli eventuali fallimenti dei propri collaboratori. Naturalmente, ci saranno sempre occasioni in cui un membro dello staff ci delude e ci irrita per aver commesso un errore piuttosto grave. E saremmo tentati di comminargli una nota di biasimo o, peggio, di licenziarlo. Ma ricordiamoci che una decisione impulsiva potrebbe comportare la perdita, o la demoralizzazione, di un collaboratore in gamba.

Ci fu un caso in cui un quadro intermedio della IBM commise un grossolano errore di valutazione che costò all'azienda una somma considerevole, una cifra intorno ai 100.000 dollari. Quando la convocarono nell'ufficio di Thomas Watson (il manager che trasformò l'IBM nel colosso che è oggi), questa persona era convintissima di essere licenziata. "È stata colpa mia," disse al presidente, "immagino che voglia le mie dimissioni."

"Non scherziamo!" replicò Watson, "Ho appena investito più di 100.000 dollari affinché lei imparasse qualcosa. Ne tragga gli insegnamenti del caso e si rimetta al lavoro."

I manager devono ammettere che, se vogliono che i loro collaboratori crescano professionalmente, devono anche dar loro l'opportunità di sbagliare. Altrimenti avranno sempre paura di prendere l'iniziativa o di tentare qualsiasi sistema nuovo, originale o semplicemente diverso dal solito.

Ripristinare l'efficienza

Quanto si è detto sopra non significa che si debba sorvolare su fallimenti, errori o problemi di scarsa produttività solo per non scoraggiare lo staff. Insegnare alla squadra come aver successo nel proprio lavoro fa parte dei doveri di un manager.

La Dale Carnegie Training propone un sistema apposito per ottenere buoni livelli di rendimento dai collaboratori; si tratta di una procedura articolata in sei fasi.

- *Fase 1 – Stabilire un'intesa*: prima di tutto bisogna cercare di stabilire un'intesa soddisfacente tra noi e la persona in questione, instaurando con lei un buon rapporto, fondato su quel serbatoio di benevolenza e fiducia reciproca che si è potuto formare grazie a un lungo periodo di trattamento professionale equo e corretto. Quando convochiamo la persona, per prima cosa preoccupiamoci di metterla a suo agio e di stemperare la tensione. Aiutiamola a tranquillizzarsi. Avviamo il discorso con un tono comprensivo e poi portiamolo, con naturalezza e serenità, verso la questione specifica.

- *Fase 2 – Attutire l'impatto*: utilizziamo un linguaggio riguardoso, per non urtare l'interlocutore e costringerlo a mettersi

“ Se volete diventare più coraggiosi,
pensate a qualcosa che vi intimorisce
e fatelo, dopo di che continuate a farlo
finché non avrete collezionato una serie
di successi proprio in quel campo.
È senz'altro il sistema più veloce
ed efficace mai scoperto
per vincere la paura. ”

Dale Carnegie

sulla difensiva. Innanzitutto, come si è detto sopra, cerchiamo il modo più naturale e spontaneo per passare dai convenevoli iniziali, intesi a stabilire un buon rapporto con l'altra persona, al problema specifico che intendiamo affrontare.
Poi, anziché dire semplicemente "Così non va affatto bene," usiamo parole più sfumate, come per esempio "A quanto vedo lei sta già cercando di risolvere il problema; mi permetta quindi di suggerirle..." e a questo punto spieghiamo ciò che l'altro dovrebbe fare per migliorare il proprio rendimento.

- *Fase 3 – Concentrarsi sul problema anziché sulla persona*: in questa fase, tutta l'attenzione dovrà essere concentrata sull'errore anziché su chi l'ha commesso. Sarà bene bandire l'uso dei pronomi personali e in generale trattare la questione in termini slegati da qualsiasi riferimento alle persone. A essere sbagliata è stata una certa azione, non colui o colei che l'ha compiuta. Il nostro intento è quello di dare all'interlocutore la possibilità di spiegarci che cosa sia successo esattamente, per poi informarlo di ciò che in proposito sappiamo noi. In questa fase si deve ascoltare attentamente l'altra persona, sia per arrivare a una comprensione chiara della situazione, sia per capire se si sta assumendo le proprie responsabilità o se cerca delle scuse per scaricare la colpa su qualcun altro. Il nostro intento primario è quello di capire come si sono svolti i fatti e di raccogliere tutte le informazioni pertinenti, così da appurare la vera natura del problema e le relative cause. Per evitare che l'interlocutore si metta sulla difensiva, facciamogli delle domande senza saltare a frettolose conclusioni. In questo modo potranno emergere le diverse sfaccettature della questione e sarà più facile individuare le vere cause che stanno alla radice del problema.

- *Fase 4 – Valutare insieme le possibili soluzioni*: lo scopo di questa fase consiste nel rimediare all'errore, fare il possibile per evitare che si ripresenti in futuro e ripristinare l'efficienza di chi l'ha compiuto. Questo stadio include l'individuazione di misure atte a impedire che lo stesso errore venga commesso di nuovo in futuro. Incoraggiamo l'interlocutore a offrirci un suo feedback. Questa fase andrà gestita in modo diverso a seconda che il collaboratore si stia assumendo le proprie colpe, oppure le declini e cerchi scuse. Nel caso del lavoratore responsabile, facendogli le opportune domande, ascoltandolo e affiancandolo in veste di coach, lo si esorterà a suggerire in prima persona qualche maniera di correggere la situazione. Oltretutto, coinvolgere i collaboratori nell'analisi del problema e nella valutazione delle decisioni da prendere aumenterà il loro impegno nel mettere in atto le soluzioni prescelte. Nel caso del lavoratore che nega e cerca scuse, può darsi che il manager debba innanzitutto ribadire i livelli di efficienza che l'azienda si attende da tutti e, agendo nei suoi confronti come un coach, indurlo a farsi carico delle proprie responsabilità e ad assumere un atteggiamento più maturo e professionale. Verifichiamo che le nostre richieste siano state ben comprese e cerchiamo di ottenere, in merito, la piena adesione del collaboratore.

- *Fase 5 – Ribadire i reciproci impegni*: questa fase è incentrata sulla persona. È ovvio che chi ha appena commesso un errore si senta almeno in qualche misura un incapace, ed è probabile che tenderà ad affrontare il prossimo incarico con minor fiducia in se stesso. Perciò il capo deve aiutarlo a vedere la situazione sotto un'altra luce. Il collaboratore dovrà essere rassicurato non solo sul suo valore e sull'importanza che il suo contributo riveste per l'azienda, ma anche sul fatto che il manager continuerà a offrirgli sostegno e incoraggiamento. Dovrà quindi uscire dall'incontro motivato a raggiungere un livello di efficienza ottimale, avendo percepito l'esistenza di un legame sempre ben saldo con l'organizzazione. Il collaboratore ribadirà l'impegno a recuperare un buon rendimento, così come l'azienda, a sua volta, riconfermerà il proprio ad accompagnare il lavoratore al successo.

- *Fase 6 – Ristabilire il senso di responsabilità*: il nostro interlocutore dovrebbe tornare al lavoro con un maggiore senso di responsabilità e una comprensione più chiara delle aspettative dell'azienda nei suoi confronti.
  A volte ci si accorge che un membro dello staff non è la persona più adatta alla mansione, all'incarico o al reparto in cui opera. In tal caso può essere necessario approfondire quali sono i suoi punti di forza, interessi e obiettivi professionali, per far sì che trovi una collocazione più adeguata e soddisfacente. Perpetuare una situazione in cui qualcuno sente che non riuscirà mai a svolgere con successo i propri compiti, infatti, è ingiusto sia verso il lavoratore in questione, sia verso l'azienda. Quindi, l'ultima risorsa, dopo aver visto fallire tutti i tentativi di ristabilire l'efficienza desiderata, consiste nel rimuovere la persona dall'ambito che ricade sotto la nostra responsabilità.

Perseverare e innovare

Come si è già detto più volte, non tutte le iniziative che intraprendiamo possono risolversi in un successo. Le soddisfazioni della riuscita procedono sempre di pari passo con l'amarezza per qualche disfatta. Ma se impareremo a gestire gli esiti sfavorevoli in modo costruttivo, il più delle volte riusciremo a trasformare anche le nostre sconfitte in altrettante vittorie.

Il licenziamento dalla Ford Motor Company segnò il punto più basso in assoluto della carriera manageriale di Lee Iacocca.

Come tutti sanno, però, egli riuscì a superare questa terribile sventura, diventando di lì a poco l'amministratore delegato di Chrysler. Nella sua autobiografia ha rivelato che, subito dopo aver esordito nella nuova azienda, dovette affrontare il rischio di un disastro ancora più grave di quello che aveva appena sperimentato alla Ford. La Chrysler si trovava sull'orlo della bancarotta. Probabilmente una persona meno audace avrebbe rinunciato all'impresa, piuttosto di incorrere per la seconda volta in un fallimento clamoroso. Invece Iacocca decise di tener testa alla crisi e, grazie alla sua capacità di pensare in maniera innovativa e alle sue doti di perseveranza, alla fine riuscì a superarla brillantemente.

Modificare la rotta

Don, dotato di un notevole talento per la musica, sognava di diventare violinista e di entrare in una delle migliori orchestre cameristiche. Dopo essersi diplomato alla prestigiosa Juilliard School of Music di New York, partecipò ad alcuni importanti concorsi, ma senza riuscire a ottenere il punteggio necessario a superare le selezioni. Allora comprese che, nonostante tutti gli anni che aveva dedicato allo studio, pur essendo bravo a suonare il suo strumento in realtà egli non possedeva le qualità che gli avrebbero consentito di primeggiare. A questo punto avrebbe potuto puntare a un obiettivo un po' meno arduo, per esempio entrare in un'orchestra sinfonica: una scelta che gli avrebbe garantito un lavoro stabile, permettendogli allo stesso tempo di esercitare le sue capacità. Ma Don aspirava a essere il migliore nel suo campo, non un semplice suonatore fra tanti altri.

Prese quindi a esaminare con cura tutte le opzioni e si accorse che nel settore discografico scarseggiavano, ed erano perciò molto richiesti, i musicisti bravi e competenti in grado di lavorare nel ramo della produzione. Poco dopo fu assunto da una delle principali case discografiche con il ruolo di assistente, dove si occupava di musica classica. Grazie al suo indubbio talento e alla sua ottima conoscenza della materia, di lì a poco ottenne una promozione, e poi altre ancora, finché non divenne il responsabile dell'intero reparto.

Qualche anno dopo, Don si trovò di nuovo ad affrontare un momento difficile. Il reparto musica classica, che non aveva mai garantito entrate eccezionali, venne ridimensionato nel quadro di una riorganizzazione aziendale, intesa soprattutto a risparmiare sulle spese. Anche Don perse il posto. E, ancora una volta, fu costretto a un cambio di rotta. Avviò un'attività in proprio come consulente, offrendo i propri servizi non solo alla sua ex azienda ma anche ad altre case discografiche. Grazie alla fortuna ottenuta come produttore di dischi di musica classica, in breve divenne uno dei migliori imprenditori indipendenti nel suo campo.

Per ben due volte, anziché limitarsi a deprecare la sorte Don è stato capace di trasformare le difficoltà incontrate in opportunità di successo. Ci è riuscito grazie a un'attenta analisi dei propri punti di forza e alla scelta di un cambio di rotta che gli consentisse di sfruttare al meglio i talenti in suo possesso.

Rivedere i propri obiettivi

Vedendosi respinta dall'ennesima università cui aveva presentato domanda di ammissione, Christine si sentì spezzare il cuore. Diventare medico era da sempre la sua ambizione più cara. Fin dalle superiori, tutto il suo piano di studi era stato concepito in funzione di una futura carriera nella sanità. Era sempre stata una studentessa brillante ed era convinta che non avrebbe avuto nessun problema a entrare alla facoltà di medicina. È vero, però, che i suoi voti nelle materie scientifiche erano un po' inferiori rispetto a quanto richiesto per accedere ai corsi.

Dopo due giorni trascorsi a rimuginare, Christine capì che era ora di prendere una decisione. Valutò le altre possibili opzioni che restavano aperte in ambito medico: studiare all'estero, cercarsi un lavoro collegato al settore sanitario o ripetere gli esami delle materie scientifiche, per ottenere voti migliori e rinnovare la richiesta di ammissione agli atenei che l'avevano respinta. Ma nessuna di queste soluzioni la convinceva più di tanto. Dopo aver riflettuto a fondo su se stessa e aver parlato con amici, genitori e consulenti scolastici, comprese che i voti mediocri che aveva riportato nelle materie scientifiche non dipendevano da una preparazione insufficiente, ma dal fatto che in realtà quegli argomenti non la appassionavano veramente. Nel corso degli anni i suoi interessi erano mutati, ma le sue aspirazioni professionali non avevano rispecchiato questo cambiamento.

Rivedendo i propri traguardi, e grazie all'aiuto di un consulente in materia di orientamento professionale, Christine capì di avere molti altri talenti, che avrebbero potuto aprirle opportunità interessanti in un certo numero di settori diversi. Aver saputo modificare i propri obiettivi in una fase precoce della vita ha probabilmente evitato a questa ragazza d'intraprendere una carriera che non l'avrebbe soddisfatta pienamente.

Tornare ai successi del passato

Dopo essere stato per molti anni tra gli analisti finanziari più in gamba della sua azienda, Joel venne promosso al ruolo di responsabile per il controllo di gestione del reparto. Ma non gli ci volle molto per accorgersi di non essere minimamente tagliato per quel nuovo incarico. Il suo talento più spiccato era la capacità di lavorare con le cifre, ma adesso il suo lavoro consisteva soprattutto nel gestire i rapporti con gli altri. Aveva la responsabilità di uno staff di quaranta persone, fra contabili, operatori informatici e impiegati. Inoltre, una buona fetta del suo tempo se ne andava in riunioni: incontri con diversi manager, con i vari funzionari di banche o altre istituzioni finanziarie e con i propri superiori. Alla fine del primo anno, il suo capo lo aveva già convocato più volte per segnalargli la scarsa efficienza della divisione e fargli tutte le raccomandazioni del caso.

Ormai Joel aveva quasi deciso di dare le dimissioni e cercarsi un altro lavoro, quando il responsabile per il controllo di gestione a livello aziendale contattò il reparto in videoconferenza. "Joel," gli disse, "lei è stato uno dei migliori analisti finanziari che abbiamo mai avuto. Le sue erano analisi di prim'ordine... Però, in questo nuovo ruolo non se la cava bene. Se lei fosse disposto a tornare alle sue vecchie mansioni, sono più che certo che non solo sarebbe molto più soddisfatto, ma anche assai più utile all'azienda."

Fare un passo indietro di solito è considerata una sconfitta. Equivale ad ammettere che non si è stati capaci di occupare con successo una posizione di maggiore responsabilità, e questo è spesso un brutto colpo per la propria autostima. Eppure, sono numerosissimi i casi di persone che a un certo punto sono state promosse a incarichi che erano al di sopra delle loro effettive possibilità. Ciascuno ha qualità e difetti specifici e diversi da quelli degli altri. Perciò dobbiamo accettare il semplice fatto che non ci sarà mai possibile essere qualunque cosa per chiunque ce lo chieda. Tornando alle sue precedenti mansioni, Joel avrà di nuovo l'occasione di dimostrarsi utile e anzi prezioso per la sua azienda – e per se stesso.

Charles Kettering, l'ingegnere che inventò il motorino di avviamento per automobili e molti altri utili dispositivi tecnici, a un certo punto vendette la propria attività alla General Motors, che lo nominò vicepresidente, conferendogli la responsabilità di diversi settori aziendali. Ma Kettering era un pessimo amministratore e i reparti affidati alla sua gestione non rispondevano più ai parametri di efficienza fissati dalla compagnia. Così, alla fine, Kettering fu sollevato dai suoi compiti gestionali e gli fu permesso di concentrarsi unicamente sulle invenzioni. Questa si rivelò una soluzione ottimale sia per la General Motors sia per l'ingegnere, che ora poteva operare esclusivamente nel campo in cui era in grado di dare il meglio di sé.

Insuccessi e sconfitte non devono né deprimerci né addolorarci. Dovremo, piuttosto, analizzare con cura le ragioni che hanno provocato il nostro passo falso e capire che cosa possiamo fare per convertire il rovescio in un nuovo trionfo.

Superare le delusioni sul lavoro

Quando Victor era entrato in azienda, si era ripromesso di diventare direttore di filiale entro cinque anni. Adesso che ne sono passati quattro, a quanto pare non si è nemmeno avvicinato all'obiettivo. Victor si sente insoddisfatto, deluso e demotivato. I suoi pensieri oscillano tra il sogno di un improvviso colpo di fortuna che intervenga a rovesciare la situazione, e il rammarico per la cattiva sorte che lo perseguita.

Come mai non ha realizzato l'obiettivo che si era preposto? Può darsi che questo dipenda da circostanze indipendenti dalla sua volontà, come un periodo di recessione, o un contesto dove la competizione è altissima. Oppure, può darsi che Victor non abbia dimostrato grandi capacità negli incarichi che gli sono stati assegnati. Nel primo caso, forse gli converrebbe stabilire obiettivi differenti o cercare un lavoro diverso che possa offrirgli un contesto più favorevole.

Le promozioni vanno meritate

Tuttavia, il motivo per cui alcuni non riescono a progredire professionalmente non è da ricercare sempre in qualche circostanza esterna. In questo caso, può darsi che Victor non si sia meritato la promozione che sperava. Dedicare semplicemente il proprio tempo al lavoro che si svolge non

“

Fate crescere un successo
sul terreno di un fallimento.
Scoraggiamento e fallimento
sono due ottimi trampolini
verso il successo.

”

Dale Carnegie

è sufficiente. Egli dovrebbe a questo punto riesaminare la qualità del suo operato, parlare con il suo supervisore di come potrebbe migliorarla e partecipare ad attività di formazione supplementari, in modo da prepararsi adeguatamente a un eventuale avanzamento di carriera.

Meredith era alquanto infastidita. La sua manager era andata in pensione e lei aveva creduto che sarebbe stata promossa per sostituirla. Dopo tutto, era la lavoratrice con la maggior anzianità in quel reparto e nessuno aveva mai avuto niente da ridire sul suo operato. Invece, non solo non le avevano dato la promozione, ma la dirigenza aveva scelto per quel ruolo una persona esterna, che dell'attività di quel settore non sapeva nulla: "Non c'è che dire: una vera ingiustizia!"

Ebbene, come mai non hanno dato a Meredith il posto della sua capa? Quando un'azienda deve scegliere a chi assegnare una posizione di leadership, di sicuro valuterà la storia lavorativa, l'affidabilità e l'esperienza del candidato, ma cercherà anche qualcuno che abbia dimostrato di possedere qualcosa in più della semplice competenza tecnica. Un leader deve avere un complesso di doti particolari che lo contraddistinguano. In particolare, dev'essere una persona che si sia dimostrata intraprendente e disposta ad andare sempre un po' al di là di quanto fosse strettamente richiesto dalle sue mansioni.

Quel "qualcosa di più"

Jack, il vicepresidente esecutivo dell'azienda, era a colloquio con Leo, un manager dei quadri intermedi ormai prossimo alla pensione. Quando ebbero finito di parlare del suo passaggio di consegne con la persona che gli sarebbe subentrata, Leo disse: "Jack, c'è una cosa che mi sono sempre domandato. Mi tormenta da anni e non sono mai stato in grado di trovare una risposta... ma le confesso che se non stessi per andare in pensione, non avrei mai osato parlargliene. Lei e io siamo entrati in azienda suppergiù nello stesso periodo. Ora, lei è diventato vicepresidente esecutivo e io non sono mai andato al di là dei livelli di management intermedi. Dove ho sbagliato? Ho sempre svolto egregiamente il mio lavoro. Dai miei superiori ho ricevuto soltanto valutazioni eccellenti. Ogni volta ho adempiuto tutto ciò che mi si chiedeva, portandolo a termine anche molto bene. Che cos'ha fatto lei per arrivare tanto più in alto di me, e che cosa ho mancato di fare io?"

"Leo, si è appena risposto da solo. Lei ha sempre svolto tutto ciò che le si richiedeva, *e niente di più*. Se sono arrivato al punto in cui mi trovo ora, questo è successo perché mi sono sempre sforzato di fare qualcosa oltre ai doveri connessi alle mie mansioni. Mi sono offerto di occuparmi degli incarichi che nessuno voleva. Ho proposto una serie di iniziative e ho convinto i miei superiori a intraprenderle. Certo, ho corso i miei rischi, perché qualcuna di quelle idee poteva anche non funzionare e tradursi in una perdita finanziaria per l'impresa… e alcune in effetti non hanno avuto esito positivo, ma tutto considerato sono riuscito a diventare una figura indispensabile per la ditta. Quando ho capito di aver fatto tutto ciò che potevo nel reparto in cui operavo, ho chiesto il trasferimento in un altro dove potessi imparare ulteriori aspetti dell'attività aziendale e offrire il mio contributo su nuovi fronti. Limitarsi a svolgere bene il proprio lavoro è importante, come no, ed è una base indispensabile per tutto il resto. Ma è solo facendo qualcosa in più dello stretto necessario per ciò che ci compete che si può attirare l'attenzione dei manager che decidono chi verrà promosso a ruoli di maggior responsabilità."

Troppe persone, invece, si comportano come Leo e Meredith, e forse come Victor. Si limitano a sbrigare bene il proprio lavoro e pensano che questo basti. È senza dubbio importantissimo, ma, come diceva Jack, per progredire davvero bisogna fare sempre qualcosa di più.

Capire il perché

Quando ci accorgiamo di rimanere ai margini mentre altre persone ottengono avanzamenti e promozioni, dobbiamo riflettere bene su quali soluzioni adottare per guadagnarci il diritto di essere presi in considerazione alla prossima occasione. Un modo per farlo è rispondendo per esempio alle seguenti domande:

1. Come posso rendere il mio lavoro più utile e prezioso agli occhi dell'azienda?
2. Potrei dare alla mia azienda un qualche contributo che al momento non le sto offrendo?
3. In che modo posso migliorare il funzionamento del mio reparto?
4. Ci sono aspetti nuovi e diversi del mio lavoro che potrei apprendere, in modo da accrescere il mio valore per l'azienda?
5. Quali passi dovrei fare per comunicare ai miei superiori che sono pronto a un ruolo di maggiore responsabilità?
6. Che cosa posso imparare, sull'attività degli altri reparti, che potrebbe risultare utile per i miei obiettivi?
7. Se sono arrivato al massimo livello concesso dalle mie attuali mansioni, ci sono altre posizioni nell'azienda che potrei ricoprire?
8. Ci sono incarichi che i colleghi sono riluttanti ad assumersi e per i quali potrei offrirmi volontario?
9. Che cosa posso fare per migliorare le prestazioni della mia squadra, in modo da dimostrare che sono un manager particolarmente efficiente?
10. Sono disposto a impegnarmi a fondo e ad affrontare i sacrifici e i rischi necessari per guadagnarmi il diritto di scalare la piramide aziendale?

Essere padroni del proprio destino

Non scarichiamo la responsabilità delle nostre frustrazioni sul sistema... almeno, non prima di esser certi che dipendano davvero da esso. Se un'analisi obiettiva dei motivi che ci tengono lontani dai nostri traguardi dimostra che possiamo fare ancora qualcosa per superare quegli ostacoli, dobbiamo capire quale strada intraprendere per procedere subito in quella direzione. Attuare iniziative chiare ed esplicite per diventare valide risorse, anziché semplicemente buoni lavoratori, significa incamminarsi sul giusto sentiero, verso il successo professionale.

Rimettersi in carreggiata dopo una crisi

In seguito a un grande fallimento, negli affari o in altri ambiti della nostra vita, non è raro che il nostro morale precipiti e che la nostra autostima subisca un duro colpo. E, se non si adottano subito i provvedimenti necessari, la situazione può degenerare in un intrico di autocommiserazione, infelicità e insuccesso.

"Non mi riprenderò mai dalla perdita di questo cliente," pensava Clyde, profondamente abbattuto. Per anni il suo cliente più importante, la Lincoln Manufacturing Company, gli aveva garantito non meno del 30 per cento delle entrate. Ma egli aveva appena saputo che quell'azienda avrebbe chiuso la sede di Toledo per concentrare le proprie attività in quella di Houston.

Nelle settimane che seguirono, Clyde si trascinò senza costrutto, accusando il colpo. Il direttore delle vendite lo sostenne con discorsi motivazionali, lo incoraggiò a procurarsi nuovi clienti, gli indicò ulteriori fonti di contatti e possibili vie da percorrere... ma purtroppo senza risultato.

Clyde riusciva a ottenere appuntamenti con i potenziali compratori, ma nel presentare il prodotto era poco incisivo. La sua insicurezza era ben evidente ed essi la percepivano, così alla fine l'affare non andava in porto.

“ Se necessario, siamo tutti
in grado di affrontare disastri e tragedie,
addirittura di uscirne vittoriosi.
Magari non pensiamo di esserne capaci,
ma in realtà possediamo risorse interiori
sorprendentemente potenti
e capaci di offrirci tutto il sostegno
necessario: *a patto che decidiamo di usarle*.
Siamo molto più forti di quello
che crediamo. ”

Dale Carnegie

Questi insuccessi, sommandosi al duro colpo già subito, non fecero che peggiorare la situazione. Clyde precipitò in uno stato di autentica depressione, tanto da prendere in seria considerazione la possibilità di lasciarsi alle spalle il lavoro nel campo della vendita per cercarsi un'occupazione meno impegnativa.

Proporsi obiettivi realistici e raggiungibili

Clyde si era impegnato a fondo per diventare un venditore di successo. Sarebbe stato un grave errore, adesso, lasciare che tutto ciò che aveva costruito negli anni andasse sprecato e perduto. Così, con l'aiuto del suo responsabile, si impegnò per superare le diverse fasi del "lutto" che fa seguito a una grave scomparsa. Alla fine, giunse ad accettare l'idea che aver perso quel cliente non aveva nulla a che vedere con la sua competenza professionale. Clyde possedeva ancora, intatte, tutte le capacità e le energie che gli avevano permesso di concludere affari con la Lincoln e con tutti gli altri acquirenti che si era conquistato nel corso degli anni. Ora, si trattava di ripartire daccapo con rinnovata determinazione e nuovo entusiasmo. E l'unico modo per ritrovare fiducia era tornare a concludere dei buoni contratti di vendita. A questo punto Clyde si fissò alcuni nuovi obiettivi e li sottopose al suo manager.

"Art, ho intenzione di colmare il vuoto lasciato da quel cliente nel giro di sei mesi."

"Bene, Clyde, e qual è esattamente il suo piano d'azione?"

"Lavorerò sodo; mi darò da fare sul serio, intensamente e senza risparmio, e vedrà che ci riuscirò."

"Sono molto contento di sentirla parlare così, ma ora analizziamo il mercato e fissiamo delle mete realistiche. Se si sceglie un traguardo troppo ambizioso e si concede troppo poco tempo per raggiungerlo, rischia di non farcela. Adesso per lei è più importante fissarsi uno scopo più modesto, che porterà a termine di sicuro, e alzare via via l'asticella a partire da questo livello iniziale."

Art aveva ragione: il modo più efficace per riprendersi da una batosta è sperimentare nuovi trionfi. Ma se i propositi iniziali sono troppo ambiziosi, diventa meno probabile riuscire a conseguirli. Se invece si scelgono traguardi realistici e raggiungibili, ogni volta che riportiamo una vittoria aggiungiamo, allo stesso tempo, una bella dose di credibilità all'immagine che abbiamo di noi stessi. Realizzare le proprie ambizioni significa dimostrare a noi stessi che siamo persone capaci e in gamba, e rappresenta una base solida per compiere il prossimo passo. Il successo genera successo: seguendo il consiglio di Art, Clyde non solo riuscì a colmare il vuoto lasciato dal cliente perduto, ma anche a incrementare il totale complessivo delle proprie vendite nei mesi a seguire.

Riflettere sui successi del passato

Il matrimonio di Marybeth si era rivelato un disastro. Gli incessanti rimproveri del suo ex marito avevano trasformato la ragazza vivace e sicura di sé che era stata un tempo in una donna timorosa, scoraggiata e rinunciataria. Si era sposata subito dopo la laurea e le sarebbe piaciuto dedicarsi all'insegnamento, ma il coniuge l'aveva convinta invece ad accettare un lavoro d'ufficio presso una banca. Lei era convinta di poter aspirare a qualcosa di meglio, ma lui continuava a ripeterle che non sarebbe stata in grado di occupare posizioni di responsabilità. Quell'uomo trovava immancabilmente da ridire su qualunque cosa lei facesse; svilire la moglie era per lui un espediente per puntellare il proprio ego. In capo a tre anni, Marybeth decise di divorziare e di riprendere in mano la propria vita.

Ripensando al passato, capì che il periodo in cui si era sentita più felice e realizzata erano stati gli anni dell'università.

Allora si iscrisse a un ateneo del posto che organizzava corsi di formazione continua rivolti agli adulti. La partecipazione alle attività didattiche, i momenti di studio e di ricerca e gli ottimi voti riportati le restituirono la consapevolezza di essere una persona capace e in gamba. Tutto questo le conferì la sicurezza necessaria a frequentare un master di specializzazione, dove ha ottenuto risultati così brillanti da essere invitata, non appena avrà conseguito il titolo, a far parte della facoltà.

Riflettendo sui successi conseguiti in passato e individuando il modo più adatto per replicarli, Marybeth è riuscita a superare la sua condizione di abbattimento e si è riconquistata un'esistenza di felicità e soddisfazioni.

Trasformare l'ansia in semplice preoccupazione

Carlos non riusciva più a dormire, l'apprensione non gli dava tregua. Di lì a una settimana sarebbe entrato in servizio il nuovo capo. Un perfetto sconosciuto. Era sempre stato in ottimi rapporti con il capo precedente, ma quando era andato in pensione, invece di promuovere una figura interna, l'azienda aveva deciso di assumere una persona nuova. "E chissà, magari sarà troppo severo; magari non gli andrò minimamente a genio."

Per diversi giorni andò al lavoro teso e nervoso; intanto, continuava a trascorrere notti difficili. Si accorse però che Tony, suo amico e collega, non sembrava affatto turbato, così a un certo punto gli domandò: "Ma tu non sei in ansia per il fatto che avremo presto un nuovo capo?"

Tony scosse la testa: "Ti dirò, un po' preoccupato lo sono. In fondo tante cose potrebbero cambiare, qui dentro. Ma in ansia no, non direi. Nel caso peggiore, che cosa potrebbe capitarmi? Che decida di licenziarmi. Se lo fa, io qui ho acquisito parecchie valide competenze: vuol dire che mi troverò un altro lavoro. E comunque, perché mai dovrebbe licenziarmi?

Ho sempre lavorato bene e di sicuro continuerò a farlo. Se introduce dei cambiamenti, immagino di poterli accettare senza drammi – e se non mi andassero bene, posso sempre cercarmi un altro lavoro. E allora perché essere in ansia?"

Carlos prese nota delle parole dell'amico e da quel momento riuscì a lavorare senza angosce e a dormire tranquillo la notte. Certo, le sue apprensioni non erano svanite nel nulla, ma attenendosi alla strategia indicata da Tony per evitare di farsi travolgere dall'ansia, fu capace di gestire quel momento di difficoltà con una maggior dose di sicurezza ed equilibrio.

Vincere l'umor nero

Tutti possediamo dentro di noi adeguate capacità di ripresa, che fra l'altro consentono di sconfiggere l'umor nero che ci invade quando le cose vanno male. In questi casi possiamo attivarci per rimediare ai problemi concreti, ma dovremo anche combattere espressamente contro la depressione psicologica, che rischia di privarci di forze e di energia.

Quando ci coglie l'umor nero, non bisogna permettergli di eclissare le nostre speranze. Ricordiamo: il sole, con la sua splendida luce, è ancora lì. Si trova solo momentaneamente coperto da qualche nuvola nera. Se non riusciamo a scorgerne gli orli d'argento che annunciano il sereno, forse ad accecarci sono i verdi veli dell'invidia verso gli altri, o quelli violacei della rabbia, o quelli giallastri di una paura che ci ispira esagerate cautele. Per tornare a prospettive più rosee, dovremo scostarli tutti e tenere davanti agli occhi solo la cristallina chiarezza dei nostri obiettivi. E poi rinfocolare le rosse fiamme del nostro impegno a risolvere i problemi, finché raggiungano il calor bianco della determinazione, che ci permetterà di superare d'un balzo gli oscuri abissi che c'impedivano di conseguire i nostri traguardi, cambiando il colore della nostra vita dal grigio della mediocrità all'oro scintillante di una piena realizzazione.

In conclusione

- Non tutte le nostre iniziative possono andare a buon fine. Alle soddisfazioni della riuscita si mescola sempre l'amarezza per qualche sconfitta. Se però impariamo a gestire l'insuccesso in maniera costruttiva, il più delle volte saremo in grado di trasformare anche i nostri rovesci in altrettante vittorie.
- Dobbiamo prevedere di imbatterci in qualche fallimento, di tanto in tanto, e dobbiamo abituarci a non lasciarci scoraggiare.
- I manager hanno una responsabilità in più: devono saper incoraggiare i propri collaboratori quando incorrono in risultati negativi e offrir loro l'assistenza necessaria affinché possano tornare a garantire buone prestazioni.
- Se vogliamo avere successo, non basta lavorare bene. Per progredire davvero bisogna fare sempre qualcosa in più, e un po' meglio, di quanto saremmo strettamente tenuti a fare, proporre soluzioni innovative e avere il coraggio di assumerci qualche rischio, accettando il fatto che qualcosa potrebbe anche andar male.
- Per coltivare un atteggiamento mentale capace d'infondere gioia e serenità, Dale Carnegie consiglia quanto segue:
  1. Riempiamo le nostre menti con pensieri di pace, coraggio, salute e speranza.
  2. Non cerchiamo mai di vendicarci.
  3. Aspettiamoci l'ingratitudine.
  4. Teniamo sempre presente le cose belle che abbiamo, non solo i problemi.
  5. Non imitiamo gli altri.
  6. Cerchiamo di trarre profitto dalle sconfitte.
  7. Dedichiamoci anche a rendere felici gli altri.

Appendice A
Brevi note su Dale Carnegie

Dale Carnegie

Dale Carnegie è stato un pioniere di quelli che oggi chiamiamo i miglioramenti del potenziale umano. I suoi insegnamenti e i suoi libri hanno aiutato persone di tutto il mondo ad acquisire sicurezza di sé, migliori capacità comunicative e autorevolezza.

Nel 1912, Carnegie tenne il suo primo corso su come parlare in pubblico a una sede dell'YMCA di New York. Secondo le abitudini del tempo, Carnegie iniziò il corso con una lezione teorica, ma ben presto si accorse che i partecipanti erano annoiati e irrequieti. Bisognava fare qualcosa.

Dale interruppe la lezione, indicò con calma un uomo seduto in fondo e gli chiese di alzarsi e improvvisare un discorso, presentando i fatti salienti della sua vita fino a quel momento. Quando il primo ebbe terminato, Carnegie chiese a un altro studente di parlare di sé, e procedette così finché tutti i presenti ebbero pronunciato un breve discorso. Grazie all'incoraggiamento dei compagni e alla guida di Carnegie, ognuno di loro riuscì a superare i propri timori e a tenere un discorso soddisfacente. "Senza saperlo," spiegò in seguito Carnegie, "avevo scoperto, per puro caso, il modo migliore per vincere la paura."

Il suo corso riscosse un tale successo che gli fu chiesto di tenerlo anche in altre città. Negli anni successivi continuò inoltre a perfezionarne i contenuti. Scoprì che i partecipanti erano interessati soprattutto a diventare più sicuri di sé, a migliorare le loro capacità di relazione e a superare timori e ansie. Di conseguenza, gli obiettivi del corso cambiarono: dall'abilità di parlare in pubblico, si passò a concentrarsi su queste tre aree d'interesse. I discorsi divennero strumenti da utilizzare per determinati fini, anziché costituire un fine in sé.

Oltre a studiare ciò che apprendeva dai suoi studenti, Carnegie condusse approfondite ricerche su quale fosse (o fosse stato) l'atteggiamento verso la vita delle persone che si erano contraddistinte per il loro successo, e incorporò anche tali elementi nei suoi corsi. Il percorso fin qui illustrato lo condusse a scrivere il suo libro più famoso, *Come trattare gli altri e farseli amici*.

Il libro divenne immediatamente un best seller: dalla prima edizione del 1936 a oggi (inclusa l'edizione riveduta del 1981), ha venduto oltre venti milioni di copie ed è stato tradotto in trentasei lingue. Nel 2002, *Come trattare gli altri e farseli amici* è stato nominato miglior libro imprenditoriale del XX secolo. Nel 2008, la rivista "Fortune" lo inserì tra i sette titoli che dovrebbero far parte della biblioteca ideale di tutti i leader. Anche un'altra opera di Carnegie, *Come vincere lo stress e cominciare a vivere*, scritto nel 1948, ha venduto milioni di copie ed è stata tradotta in ventisette lingue.

Dale Carnegie morì il 1° novembre 1955. Il necrologio apparso su un quotidiano di Washington così riassumeva il contributo che egli aveva offerto alla società: "Dale Carnegie non ha svelato nessuno degli insondabili misteri dell'universo. Ma forse, e più di chiunque altro della sua generazione, ha aiutato gli esseri umani ad apprendere come andare d'accordo gli uni con gli altri – che a volte sembra davvero l'esigenza più importante di tutte."

Dale Carnegie & Associates, Inc.

Fondata nel 1912, Dale Carnegie Training, che era nata dalla fiducia del suo ispiratore nel potere del miglioramento personale, oggi è diventata una multinazionale della formazione mirata al risultato, con filiali in tutto il mondo. Il suo obiettivo è offrire ai professionisti l'opportunità di perfezionare le proprie capacità e migliorare le proprie prestazioni al fine di conseguire risultati positivi, duraturi nel tempo e remunerativi.

In oltre cent'anni di concrete esperienze professionali della compagnia, il corpus di conoscenze costruito da Dale Carnegie è stato costantemente aggiornato, ampliato e perfezionato. Gli affiliati in franchising che Dale Carnegie Training vanta in più di ottanta paesi nel mondo propongono i propri servizi di formazione e consulenza alle aziende, di qualsiasi dimensione e settore, che intendano accrescere le proprie capacità relazionali e le proprie prestazioni. Il frutto di una simile esperienza collettiva e globale in costante sviluppo è un patrimonio di competenze imprenditoriali avanzate su cui i clienti possono contare per migliorare il rendimento delle proprie imprese.

Dale Carnegie Training ha il proprio quartier generale a Melville, New York, filiali in tutti gli Stati Uniti d'America e in ottanta paesi, con tremila trainer che tengono corsi in oltre trentacinque lingue. Dale Carnegie Training è al servizio del mondo dell'imprenditoria a livello internazionale, con più di dieci milioni di persone che hanno frequentato con successo i suoi corsi.

Dale Carnegie Training incentra la propria azione su una serie di principi e di metodologie pratiche, elaborando programmi formativi in grado di offrire ai partecipanti le conoscenze, le abilità e le pratiche di cui hanno bisogno per aggiungere valore all'azienda. Attraverso centinaia di soluzioni collaudate, costruisce percorsi *tailor made* applicati alle concrete esigenze del mondo aziendale: Dale Carnegie Training è riconosciuta a livello internazionale come la società leader nella valorizzazione personale. Tra i diplomati dei suoi corsi si contano amministratori delegati di grandi compagnie; titolari e manager di aziende di ogni dimensione e settore di attività, commerciale o manifatturiero; alti funzionari governativi e parlamentari, nonché innumerevoli cittadini privati per i quali i corsi si sono rivelati un'esperienza utile e proficua.

In un'indagine sulla soddisfazione dei clienti condotta a livello mondiale e costantemente aggiornata, il 99 per cento dei partecipanti ai corsi si dichiara soddisfatto della formazione ricevuta.

Dale Carnegie Italia è parte integrante di Dale Carnegie Training e contribuisce al successo delle aziende del mercato italiano mettendo al loro servizio l'esperienza di oltre cent'anni di risultati. Ha sede a Milano dal 2002. Il suo amministratore delegato è Sergio Borra. Per ulteriori informazioni consultate il sito web www.dalecarnegie.it.

Il curatore

Questo libro è stato compilato e curato da Arthur R. Pell, dottore di ricerca, che per ventidue anni ha lavorato come consulente per Dale Carnegie Training. Nel 1981 la società gli ha affidato l'incarico di curare l'edizione riveduta e aggiornata del libro di Dale Carnegie *Come trattare gli altri e farseli amici*. È autore di *Enrich Your Life, the Dale Carnegie Way*, nonché autore e curatore di *The Human Side*, uno speciale a cadenza mensile della Dale Carnegie che veniva pubblicato in centocinquanta riviste professionali e di settore.

È autore di oltre cinquanta volumi e centinaia di articoli sui temi del management, delle relazioni sociali e del miglioramento personale. Pell ha inoltre curato e aggiornato diversi titoli diventati dei classici in materia di potenziale umano, quali *Pensa e arricchisci te stesso* di Napoleon Hill, *Il potere del subconscio* di Joseph Murphy, *Sei come pensi di essere* di James Allen, *Common Sense* di Yoritomo Tashi e varie opere di Orison Swett Marden, Julia Seton e Wallace D. Wattles.

Appendice B
I principi di Dale Carnegie

Come diventare una persona più socievole

1. Non criticate, non condannate, non lamentatevi.
2. Siate prodighi di apprezzamenti onesti e sinceri.
3. Suscitate negli altri un desiderio intenso di fare ciò che proponete.
4. Interessatevi sinceramente agli altri.
5. Sorridete.
6. Ricordate che per una persona, in qualsiasi lingua, il suo nome è il suono più dolce e più importante che esista.
7. Siate buoni ascoltatori. Incoraggiate gli altri a parlare di se stessi.
8. Parlate di ciò che interessa agli altri.
9. Fate sentire importanti gli altri – e fatelo sinceramente.
10. Il miglior modo per avere la meglio in una discussione è evitarla.
11. Rispettate le opinioni altrui. Non dite mai "Lei ha torto!"
12. Se avete sbagliato, ammettetelo velocemente ed energicamente.
13. Cominciate sempre in modo amichevole.

14. Fate in modo che gli altri rispondano “sì” fin dal principio.
15. Lasciate che l’altra persona parli per la maggior parte del tempo.
16. Lasciate che l’altra persona percepisca che quell’idea sia sua.
17. Cercate onestamente di vedere le cose dal punto di vista degli altri.
18. Siate aperti alle idee e ai desideri degli altri.
19. Fate appello alle motivazioni più nobili.
20. Dimostrate le vostre idee in modo spettacolare.
21. Lanciate una sfida.
22. Cominciate sempre con elogi e apprezzamenti sinceri.
23. Richiamate l’attenzione sugli errori altrui in modo indiretto.
24. Parlate dei vostri errori prima di sottolineare quelli degli altri.
25. Fate domande invece di impartire ordini diretti.
26. Lasciate che gli altri salvino la faccia.
27. Elogiate il più piccolo progresso e ogni singolo miglioramento. Fate apprezzamenti di cuore.
28. Fate in modo che l’altra persona accresca la propria reputazione.
29. Incoraggiate. Fate in modo che gli errori sembrino facili da correggere.
30. Fate in modo che l’altra persona sia felice di fare ciò che avete proposto.

Superare le preoccupazioni

1. Vivete un giorno alla volta.
2. Per affrontare i problemi:
   - Chiedetevi: “Cosa mi può capitare nel peggiore dei casi?”

- Preparatevi ad accettare lo scenario peggiore.
- Migliorate la situazione partendo dalla cosa peggiore.

3. Ricordate il prezzo esorbitante, in termini di salute, che potreste pagare a causa dell'ansia.

Tecniche di base per analizzare stress e preoccupazioni

1. Stabilite i fatti.
2. Soppesate i fatti, poi decidete.
3. Appena presa la decisione, agite!
4. Rispondete per iscritto alle seguenti domande:
   - Qual è il problema?
   - Quali sono le cause del problema?
   - Quali sono le possibili soluzioni?
   - Qual è la miglior soluzione possibile?

Vincere l'ansia prima che vi distrugga

1. Tenetevi occupati.
2. Non tormentatevi per delle inezie.
3. Servitevi della legge delle probabilità. Chiedetevi: "quante probabilità ci sono che il fatto temuto si verifichi realmente?"
4. Assecondate l'inevitabile.
5. Decidete fino a che punto vi conviene preoccuparvi per una cosa e rifiutatevi di pagare di più.
6. Non tormentatevi per il passato.
   Non cercate di segare la segatura.

Attivare un atteggiamento mentale che vi porterà alla pace e alla serenità

1. Riempite la mente di pensieri di pace, coraggio, salute e speranza.
2. Non cercate mai di vendicarvi.
3. Aspettatevi l'ingratitudine.
4. Tenete sempre presente le cose belle che avete, non solo i problemi.
5. Non imitate gli altri.
6. Traete profitto dalle sconfitte.
7. Dedicatevi anche a rendere felici gli altri.

Allenati al successo oggi
La parola al trainer

Parliamo di come vivere un'esistenza appagante con Sergio Borra, fondatore e CEO *di Dale Carnegie Italia. Per Carnegie è basilare il potere del nostro sguardo su noi stessi e sul mondo. Per star bene, per aver successo, basta ripensare al modo di guardare alla nostra quotidianità?*

Dopo trentacinque anni di attività e dopo essermi confrontato con migliaia di manager in tutti i settori, mi sono convinto che non esista una ricetta univoca per avere successo e che ognuno ne possieda una propria personale definizione con numerosi fattori che concorrono a crearla. Per alcuni il successo vuol dire avere in banca milioni di euro, possedere cento auto d'epoca e svariati partner; per altri vuol dire semplicemente avere un compagno o una compagna, dei figli e un pezzo di terra da coltivare nel weekend. Ogni tanto, quando penso alla parola successo mi volto indietro e mi chiedo: "Ma sto veramente vivendo la vita che anni fa ho detto al mondo intero che avrei voluto vivere? O sto ancora percorrendo la strada per ottenerla?" Questi sono interrogativi importanti e l'unica persona realmente in grado di rispondere e, nel caso, avviare un cambiamento di prospettiva è quella che vediamo riflessa nello specchio. Senza partire da una profonda autoanalisi è estremamente complicato capire come condurre una vita appagante. Un altro punto di partenza è lavorare sulla propria autostima e per migliorarla è decisivo cambiare l'atteggiamento mentale, quello che si definisce *mindset*, ovvero come si reagisce di fronte alle situazioni. Quante volte ci capita di osservare due persone che hanno avuto problemi identici, a volte persino disgrazie, ma reagiscono in maniera diametralmente opposta? Nella vita, quando emergono intoppi o crisi, c'è chi cede al disfattismo, chi incolpa gli altri, chi critica o si lamenta e poi c'è chi, invece, si assume la responsabilità di quello che è successo e prova a lavorare sulle cause dei problemi. In questo sta la differenza: assumersi la responsabilità, lavorare sull'abilità di risposta per andare avanti. Ritengo quindi che nella ricetta per una vita appagante ci siano tanti ingredienti ma quello che fa la differenza è sicuramente l'atteggiamento mentale.

A tal proposito nel libro leggiamo la citazione di Charles R. Swindoll: "Sono convinto che la mia vita sia fatta per il 10 per cento da ciò che mi capita, e per il 90 per cento da come io decido di reagire a ciò che mi capita." Sembra un'esagerazione ma è un chiaro invito a rafforzare la fiducia in noi stessi. Come si sprigiona questo potere racchiuso in noi e al tempo stesso come si tiene sotto controllo in una società di individualisti?

Non so quanto sia concreta la proporzione in percentuale. Certo, quella di Swindoll è una provocazione per dire che la vita più o meno appagante dipende in larghissima parte da noi. Naturalmente non tutto è determinato dalla nostra volontà ma ho notato che spesso le persone si comportano e agiscono seguendo il volere degli altri, così se le cose non vanno bene hanno una buona scusa per dire che non è loro responsabilità. Al contrario, è importante fare di tutto per influire positivamente su ciò che dipende da noi: essere decisivi, impattanti e poter fare la differenza in un contesto o in una situazione. Per sentirsi determinati ed avere il potere di influire sulla nostra vita occorre automotivarsi, coltivare la propria autostima e diventare assertivi e aggressivi senza esagerare. Personalmente sono un fautore dell'umiltà che è una caratteristica molto diversa dalla modestia. Umiltà vuol dire sapere che si può imparare da qualunque persona, in qualunque momento, in qualunque situazione. Si può imparare ad agire ma anche a non farlo. Umiltà vuole dire mettersi in discussione, sempre, per migliorare se stessi costantemente. È un argomento centrale sia a livello personale sia professionale: bisogna avere una cultura dell'apprendimento in entrambe le sfere. Dobbiamo imparare che ognuno può insegnarci qualcosa. Questo approccio alimenta molto l'autostima: se una persona lavora per migliorare se stessa solitamente ha maggiori risultati, i risultati tendenzialmente danno gioia e questo permette nei momenti negativi di accedere a quella risorsa interiore che abbiamo utilizzato per raggiungere quei risultati. Si innesca un circolo assolutamente virtuoso. Ognuno di noi ha un ruolo importante nella vita personale e lavorativa. Non è il ruolo che nobilita l'essere umano ma l'essere umano a nobilitare un ruolo. Riuscire a migliorare come persona ci rende professionisti e individui migliori. Diventare un *role model* è possibile non solo sul lavoro ma anche nella vita di tutti i giorni e non serve inseguire la ricchezza per raggiungere questo obiettivo. Pensiamo a chi investe la propria esistenza nello studio e nella ricerca: magari non ha riconoscimenti economici e di altro tipo, ma contribuisce in modo significativo alla vita degli altri. Per questo può essere più felice e soddisfatto rispetto a coloro che hanno accumulato ricchezza. Bisogna partire sempre da quello che sentiamo come profondamente nostro, ciò che ci rende autentici.

Non pensi che nell'era dei social media le parole umiltà e autenticità possano suonare desuete e in controtendenza? Spesso sembriamo usare i social media come luogo dove esibire felicità, successo e autoaffermazione più che luogo dove imparare dagli altri.

Parto dal presupposto che ogni strumento sia utile se utilizzato in modo intelligente quindi quando sento dire che la tecnologia è una cosa negativa non sono d'accordo. I social media sono strumenti come lo sono le forme di comunicazione tradizionali: anche in questi contesti osserviamo che c'è chi ha dei valori negativi e usa questi mezzi per manipolare, plagiare, e c'è chi ha un atteggiamento positivo e li usa per riuscire ad avere migliori rapporti con gli altri. Di sicuro oggi il far sapere è diventato sempre più importante. Sono cresciuto seguendo i consigli di mio papà che mi diceva: "Se vuoi avere risultati e successo, ci sono due segreti: uno è saper fare e l'altro è fare." Negli anni ho capito che non è più sufficiente. Per ottenere successo nel mondo del lavoro sono necessarie altre due abilità: *far fare* e *far sapere*. Questo significa che è necessario saper valorizzare e coordinare le altre persone e anche comunicare in modo efficace. Ci sono diverse strategie per far sapere e credo che si debba scegliere sempre la forma più connaturata al proprio stile, al proprio modo di essere o ai propri obiettivi. In base all'immagine che si vuole restituire è importante una pianificazione vera e propria, sempre però ancorata all'autenticità. Nella comunicazione l'esagerazione alla fine non porta grandi risultati: piuttosto la reputazione, la credibilità, l'integrità, l'onestà e la coerenza devono essere sempre dei valori guida.

Una chiave di volta del pensiero di Carnegie è l'entusiasmo. Oltre al magico potere del sorriso, è necessario risvegliare in noi e negli altri qualcosa di più profondo, che spesso rimane nascosto.

Sorriso ed entusiasmo nascono entrambi da uno stato mentale. Per me l'entusiasmo è qualcosa di più vicino alla passione: ciò che ti consente di correre l'ultimo chilometro quando hai già dato tutto nella corsa, oppure l'ultima telefonata a un cliente dopo averne fatte decine. È ciò che ci consente, soprattutto nelle attività routinarie e ripetitive, di svolgere l'ultimo compito della giornata con lo stesso impegno e la stessa motivazione che abbiamo profuso nel primo, dimostrando così grande rispetto nei confronti dei nostri interlocutori, che non devono pagare il prezzo della nostra stanchezza. Questo capita anche a me quando conduco un corso di formazione con la stessa intensità, passione, rispetto e cura dei dettagli dopo averne già tenuti altri venti nei venti giorni precedenti. Di più: l'entusiasmo è anche quella caratteristica che ci permette di essere ricercati e circondati dagli altri, perché tutti, noi inclusi, preferiamo la compagnia di persone appassionate a quella di persone demotivate o sempre stanche. Funziona quindi da catalizzatore di ulteriore entusiasmo ed è contagioso: ti permette di circondarti di persone entusiaste e di attrarne di nuove. E inoltre consente di attingere anche a quelle risorse inaspettate e sempre disponibili, come per esempio avere una mentalità più ottimista (che non vuol dire pensare che "andrà tutto bene" sempre). Pensiamo, per esempio, a tutti gli slogan appesi sui balconi durante il lockdown del 2020. A distanza di mesi abbiamo capito che la situazione era qualcosa di più problematico. L'entusiasmo non ha quindi a che fare con l'esaltazione o l'euforia, che sono passeggeri, picchi momentanei, ma piuttosto ha a che fare con la capacità di andare avanti costantemente con il sorriso, con la voglia di fare, senza concentrarsi solo sui problemi bensì sulla ricerca di soluzioni e di opportunità.

Sappiamo che sul lavoro o nei rapporti personali ci sono però momenti di profondo sconforto. Quali consigli esistono per chi sente di avere perso motivazione e quell'entusiasmo di cui parlavi?

In quei momenti di difficoltà è decisivo avere ben chiaro che cosa vogliamo, i nostri obiettivi. In tutti i percorsi formativi che ho tenuto, ho notato un momento di svolta, di passaggio, che porta i partecipanti dal dire "non sono adatto", "non sono importante" al ricostruire la propria autostima, per avere una migliore valutazione di sé e delle proprie capacità. Quando si imbocca il cammino di riscoperta delle nostre abilità, il passaggio successivo è: come fare la differenza anche per gli altri? Come dare un contributo a un team, ai nostri cari o alle altre persone in generale? Non è puro altruismo: quando si aiutano gli altri – l'ho visto succedere in situazioni molto diverse – non solo si contribuisce al loro benessere, ma di riflesso si ricavano benessere e felicità per se stessi. Quindi quando arrivano momenti negativi dovremmo chiederci: "Qual è il senso, il significato del mio lavoro?" Nel 2020 nel momento più buio dell'isolamento e delle chiusure di tutte le attività, quando le aziende hanno dovuto fermarsi, anche io sono tornato alle origini del mio percorso risalenti a più di trent'anni fa, quando ho lasciato un'attività sicura per fare un salto nel vuoto. Come dico sempre, per saltare un precipizio non bastano due piccoli passi avanti perché se fai due piccoli passi nel dirupo precipiti, mentre a volte non si può che fare un bel salto in avanti con tutta la spinta possibile. In questo interrogarmi sul perché della mia scelta ho ritrovato il senso del mio lavoro, che non era legato solo al mio miglioramento personale, ma anche alla volontà di fare la differenza per gli altri. Dunque nei momenti di sconforto occorre ritornare al motivo profondo, al "perché" facciamo le cose.

Questa idea si collega a un passaggio chiave del libro, quando Carnegie ci invita a partire dai nostri sogni per raggiungere traguardi realistici. Come stanno insieme obiettivi realistici e sogni?

È proprio così. È ovvio che un sogno rimane tale quando uno sta fermo. Mentre è un potente elemento di motivazione quando al sogno aggiungi le gambe. Il sogno deve servire a individuare degli obiettivi: un sogno ha a che fare col desiderio, col "perché" delle cose, mentre l'obiettivo deve essere più realistico, si concentra sul "cosa". È fondamentale trovare la strategia e gli strumenti per poter realizzare concretamente il desiderio, portarlo a compimento. Dunque comprendere le proprie motivazioni profonde rappresenta il primo passo, incanalare la propria passione in azioni concrete è il secondo passo decisivo che arriva in modo quasi naturale. Certo non è un meccanismo automatico, perché occorre scendere in gara anche contro se stessi, rimboccarsi le maniche e fare uno sforzo per non perdere la determinazione necessaria lungo il tragitto. Ma la passione profonda conduce sempre all'azione, ad attività concrete.

E allora scendiamo nel concreto. Sappiamo quanto sia importante trasmettere un'immagine positiva in ogni momento della vita. Dal vivo sono fondamentali i primi dieci secondi, ma visto che tanta parte della nostra comunicazione avviene on line, esistono consigli pratici?

Ciò che ritengo fondamentale è valido per ogni situazione, sia in presenza sia on line: parlavamo prima del sorriso e, in generale, di tutte le cose legate all'etichetta, che sono facilmente immaginabili con buon senso ed educazione; senza dimenticare l'autenticità e l'importanza dello sguardo, che non deve mai abbandonare i nostri interlocutori. I primi dieci secondi sono sicuramente importanti ma non sono sufficienti: in ogni forma di conoscenza o comunicazione regolano l'intensità della relazione e sono chiamati "il momento della verità" (perché quel momento porta con sé tutto quello che viene dopo) ma non fermiamoci a quelli. Entrando in un ufficio o in una videochiamata un "Buongiorno" dato con il sorriso deve essere il punto di partenza, ma negli scambi successivi sono altrettanto importanti due fattori: l'apertura e la naturalezza. Per apertura intendiamo una disposizione a dimostrare sincero interesse verso gli altri. Si torna all'importanza della relazionalità: più che essere concentrati su noi stessi, sui nostri capelli o sui dettagli di un'inquadratura, cerchiamo di metterci in ascolto dell'altro con le nostre parole e i nostri gesti. Per naturalezza non intendiamo l'improvvisazione, al contrario. Sono un fanatico della preparazione perché determina sempre i risultati: più si è preparati più si è naturali, esattamente come nella preparazione sportiva. Avendo un passato da sportivo, quante volte ho visto i migliori coach far ripetere all'infinito dei movimenti agli atleti professionisti finché poi tutti quei gesti diventano naturali e spontanei. La spontaneità spesso è figlia della preparazione. E come ci si prepara al meglio? Coltivando una cultura dell'apprendimento che vuol dire essere entusiasti di imparare in ogni momento. Nella vita di tutti i giorni ma anche nelle aziende: se manca una predisposizione a migliorare, apprendere, aggiornarsi e confrontarsi con altre pratiche di successo è impensabile raggiungere l'eccellenza.

Torniamo allo slancio verso il futuro che può essere alimentato dalla speranza. "Hope" era la parola chiave della campagna di successo di Barack Obama. Che ruolo gioca la speranza nella strada per una vita appagante?

La speranza non significa attesa di qualcosa che arriverà nel futuro, dunque non deve essere mai intesa come rimandare al domani un'attività o aspettare momenti migliori perché quelli che viviamo non sono di nostro gradimento. La speranza va sempre legata a un progetto significativo che consenta a noi stessi e agli altri di andare oltre il quotidiano. Quando una persona ha un progetto significativo, degli obiettivi e un faro che punta nella direzione giusta, sarà più portata a resistere mentalmente nel perseguimento di quegli obiettivi. Ancora una volta, chi ha speranza sarà qualcuno entusiasta di un'idea o di un proposito: un buon leader è autenticamente convinto della bontà di un progetto che vuole trasmettere agli altri e insieme a loro troverà più facilmente il modo di pianificarlo. Per tutti vivere alla giornata non porta resilienza mentale, non porta antifragilità. C'è bisogno di un disegno e un'idea più grande nei quali percepirsi e riconoscersi. Dunque per un buon manager è fondamentale fare ricorso alla speranza perché è una leva potente per motivare gli altri al cambiamento, anche quando la loro tendenza è mantenere lo status quo o aver paura del futuro.

Nel libro abbiamo appreso come proprio la paura sia la prima nemica del successo e della felicità. La paura a volte porta a chiuderci alle trasformazioni e anche agli altri, il contrario dell'apertura di cui parlavamo prima. Ma paura di cosa?

Questa paura spesso ha alla base un timore di fallimento. Questo mi sembra decisivo: l'ansia e la paura del fallimento ci immobilizzano o ci fanno scappare di fronte a situazioni particolarmente sfidanti. È importante ribadire un concetto chiave: il fallimento non è un tatuaggio ma un livido che quindi vediamo pian piano scomparire. Di fronte a questo livido temporaneo non dobbiamo aspettare semplicemente che passi ma è importante chiedersi: "Cosa posso imparare da questo?" Dalla paura o dagli insuccessi si possono trarre dei risvolti positivi: sono dei momenti o delle situazioni che insegnano grandi lezioni, per chi è disposto a ragionarci sopra e a cambiare atteggiamento. Questo apprendimento dal fallimento è opzionale: c'è chi lo mette in pratica e quindi riparte più forte di prima, c'è chi non lo fa e continua a lamentarsi. Torniamo al concetto di quanto sia importante la forza di reazione con la quale rispondiamo a una situazione. Ci son persone che tendono a fare sempre qualcosa in più e chi fa q.b., quanto basta. Oltre alla paura del fallimento, c'è un'altra grande paura che ci blocca: è quella del giudizio altrui. Ci sono persone che tendono a essere motivate dal giudizio degli altri più che dal proprio: per paura di essere giudicati negativamente non fanno nulla e si chiudono in nell'immobilismo. L'ho vissuto in prima persona da ragazzo: per molto tempo volevo sempre piacere a tutti, poi nel tentativo di soddisfare tutti quanti finivo per non piacere più a nessuno, tantomeno a me. Col tempo ho imparato che a volte bisogna fare delle scelte che scontentano gli altri, dire dei no e agire per un obiettivo più importante.

Soprattutto per un leader a livello dirigenziale, decidere vuol dire non essere sempre popolare: l'importante è avere la capacità di essere coerenti, onesti e legati ai propri valori.

Bisogna mettere in conto di fare qualche errore, insomma. L'importante è identificarne le cause e ripartire. Non solo per i leader è importante perseverare e trovare nuove strade. Carnegie parla della necessità di un dialogo interiore. Ci spieghi come funziona?

Lo scopo del dialogo interiore è parlare bene di noi a noi stessi. Molte volte tendiamo a parlare bene degli altri e male di noi, questo può alla lunga portare a uno stato di demotivazione. Invece il fatto di riuscire a essere positivi nei nostri confronti vuol dire anche volersi bene. In questo dialogo interiore diamoci dei comandi positivi, apprezziamo noi stessi e soprattutto, come consiglio sempre, lavoriamo sui nostri punti di forza. C'è la scuola di pensiero che invita a spingere sui propri punti deboli, partire da quelli; nella mia esperienza, invece, è più efficace perseverare affidandosi ai propri punti di forza, perché sono quelli che ti fanno vincere la partita della vita e le vittorie alimentano la tua autostima, permettendoti di valutare diversamente i tuoi punti deboli e stimolandoti a migliorarli. Impariamo dagli sportivi che nelle partite usano i punti di forza per vincere: questo dà risultati, aumenta la sicurezza e consente di concentrarsi, in sede di allenamento, sulle aree di miglioramento. In fondo è un concetto semplice: se devo fare leva su qualcosa, faccio leva sulla sabbia o faccio leva sulla roccia?

Bisogna non aver paura di crederci, consiglia Carnegie. E un'altra massima importante che ci aiuta ad agire senza indugi è quella di "essere padroni del proprio destino". È davvero possibile?

Lo spirito è giusto, forse è eccessiva la parola padroni. Tornerei a ribadire piuttosto la parola chiave: responsabilità.

Quando le cose non vanno come vorremmo, invece di cambiare gli altri, dovremmo chiederci: "Io che cosa posso fare? Dove io posso cambiare?" Come scrisse Henry David Thoreau: "Le cose non cambiano, siamo noi che cambiamo." Partendo dal cambiamento di noi stessi si trasforma il modo in cui vediamo le cose o gli altri, ma non basta cambiare il modo di vedere e pensare, quel *mindset* di cui abbiamo parlato prima, è altrettanto importante la fase dell'azione: per agire è importante concentrarci sul "perché", ovvero quell'obiettivo, quel sogno che ci spinge a fare. L'entusiasmo è il sacro fuoco che ci porta da avere sogni a ottenere dei risultati. E, come dicevamo, non dimentichiamo quella fase che precede l'azione: l'ascolto vero. Ascoltare gli altri ci aiuta ad avere relazioni migliori, imparare cose nuove, così come dare importanza a quello che sentiamo dentro è altrettanto rilevante per avere una relazione positiva con gli altri. È importante ascoltare se stessi e condurre con successo quel dialogo interiore che ci porti a essere responsabili e consapevoli delle nostre scelte, affinché queste scelte risultino autentiche e in linea con i valori che devono guidare la nostra vita. I comportamenti possono essere cambiati – a sessant'anni non mi comporterò come a venti – ma i valori sono qualcosa di profondo che con il tempo possono emergere con maggior chiarezza. Per avere una vita appagante, dunque, cerchiamo di avere maggior consapevolezza dei nostri obiettivi, maggior responsabilità delle nostre azioni e di imparare dagli eventi del passato per indirizzare al meglio le nostre forze ed energie.

Sergio Borra

Fondatore e CEO di Dale Carnegie Italia, in oltre trent'anni di formazione manageriale e comportamentale ha contribuito al successo di oltre 175.000 persone, da team aziendali e imprenditori attivi in business di dimensioni contenute a professionisti operanti in grandi multinazionali. Le sue principali aree di intervento sono: comunicazione efficace, gestione strategica del cambiamento, presentation skill, strategie motivazionali e valorizzazione del potenziale, sviluppo della leadership, team building, vendita e negoziazione. Master Trainer e Certificatore, è anche coach per aziende top player a livello nazionale e internazionale, nonché relatore per prestigiose associazioni di categoria.

INDICE

Finito di stampare nel mese di gennaio 2022 presso
Rotolito S.p.A. - Seggiano di Pioltello (MI)

Printed in Italy